중고등학생을 위한

표준 한국어

익힘책

국립국어원 기획·심혜령 외 집필

의사소통

1

마리북스

국립국어원에서는 교육부 2012년 '한국어 교육과정' 고시에 따라 교육과정을 반영한 학교급별 교재 개발을 진행하였습니다. 이어서 2017년 9월에 '한국어 교육과정'이 개정·고시(교육부 고시 제2017-131호)됨에 따라 2017년에 한국어(KSL) 교재 개발 기초 연구를 수행하였습니다. 그 연구 결과를 바탕으로 초등학교 교재 11권, 중고등학교 교재 6권을 개발하여 2019년 2월에 출판하였습니다.

교재에 이어서 학교 현장에서 다문화가정 학생들의 한국어 의사소통 및 학습 능력을 기르는 데 보탬이 되고자 익힘책을 개발하게 되었습니다. 교재와의 연계성을 높인 내용으로 구성하여 말 그대로 익힘책을 통해 한국어를 더 잘 익힐 수 있도록 노력하였습니다. 더불어 익힘책의 내용을 추가 반영한 지도서를 함께 출판하여 현장에서 애쓰시는 일선 학교 담당자들과 선생님들에게도 교재 사용의 길라잡이를 제공하고자 하였습니다.

'다문화'라는 말이 더 이상 낯설지 않은 한국 사회에서 다문화가정 학생들이 한국 사회 구성원으로서의 정체성 함양에 밑거름이 되는 한국어 능력을 기르는 데《중고등학생을 위한 표준 한국어》가 도움이 되기를 바랍니다. 국립국어원에서는 이제껏 그래왔듯이 교재 개발 결과가 현장에서 보다 잘 활용될 수 있도록 돕기 위하여 교재 개발은 물론, 교원 연수 등을 통해 지속적으로 다문화가정 학생들의 한국어 능력 향상을 위해 노력하겠습니다.

끝으로 3년간《중고등학생을 위한 표준 한국어》교재와 익힘책, 지도서의 개발과 발간을 위해 애써 주신 교재 개발진과 출판사에 깊은 감사의 말씀을 드립니다.

2020년 1월
국립국어원장   소강춘

　　이제 한국은 경제, 사회, 문화 등 다양한 측면에서 국제화 시대를 선도하는 성공적인 글로벌 국가로 성장하였습니다. 이러한 대외적 글로벌화의 성공과 더불어 내부적으로도 본격적인 다문화 사회로의 전환 시대를 맞이하였습니다. 국제결혼, 근로 이민, 장단기 유학, 나아가 전향적 방향에서의 재외 동포 교류, 새터민 유입 등의 여러 가지 요인에 의해 지금까지의 민족 공동체, 문화 공동체, 국가 공동체의 개념을 뛰어넘는 한반도 내 삶의 공동체 시대를 살아가게 된 것입니다.

　　다양한 다문화 구성원들과 어떻게 조화롭고 공정하게 삶의 공동체를 꾸려 갈 것인가? 이것이 중요한 우리의 과제가 되고 있는 이때, 특히 다문화 배경을 가진 학령기 청소년, 이른바 KSL 학습자들은 우리 사회의 건강한 미래를 책임지게 될 것이라는 점에서 그들에 대한 모두의 관심과 배려가 더욱 필요합니다.

　　다행히 우리 사회는 이 부분에 있어 사회적 공감과 정책적 구체화에 일찌감치 눈을 떠 2017년 KSL 학습자의 언어, 문화, 학습의 특수성을 고려한 개정 '한국어 교육과정'을 마련하였고 그 교육과정의 구체적 구현을 위해 노력해 오고 있습니다. 특히 2018년에는 교육 현장의 다양성을 고려한 모듈형 교재가 새롭게 개발되었습니다. 이 교재는 학습자와 교육 현장의 개별성에 맞게 활용할 수 있는 확장성과 활용성을 높인 '개별 교육 현장 적합형 모듈 교재'로서 현재 다양한 교육 현장에서 학생 맞춤형의 교육에 활용되고 있습니다.

　　그리고 이제 이러한 현장 적합형 모듈 교재를 그 취지와 현장의 개별성에 맞추어 효율적으로 사용하는 데에 도움을 주기 위한 목적으로 KSL 한국어 학습과 연습을 위한 《중고등학생을 위한 표준 한국어 익힘책》이 개발되어 교육 현장에서 활용 가능하게 되었습니다.

　　이 익힘책은, 교재가 의사소통을 위한 교재와 학습을 위한 교재로 나뉘어 있는 만큼 각각 〈의사소통 한국어 익힘책〉과 〈학습 도구 한국어 익힘책〉의 두 가지 유형으로 개발하였습니다. 특히 〈의사소통 한국어 익힘책〉은 단계별로 학습한 내용을 충실히 연습하게 하는 것은 물론이고, 현장마다의 특수성에 따라 모듈화하여 활용하게 한 모듈 교재의 적절한 활용을 위해 특정 단계 학습 전 자가 진단이 가능하도록 자가 진단의 익힘 문제들을 따로 구성하였습니다. 이를 통해 교육과 학습의 적절성 및 편의성을 도모하고자 하였습니다. 뿐만 아니라 단원별로 학습하고 연습한 내용을 권당 한 회씩 등급별로 종합하여 재복습할 수 있게 함으로써 의사소통 능력 향상의 실제화를 꾀하였습니다.

〈학습 도구 한국어 익힘책〉은 학령별 특성을 감안하여 중학생용과 고등학생용으로 나누어 개발하였습니다. 그래서 다문화 배경을 가진 중학생과 고등학생이 학업을 수행하기 위해 요구되는 기본적인 학습 기능을 복습하고, 학습한 교재의 내용을 충분히 연습할 수 있도록 하였습니다. 뿐만 아니라, 학교생활에 필요한 학습 기능을 다양한 학습 활동에서 응용하여 익힐 수 있도록 연계성을 높여 구성하였습니다.

이렇듯 익힘책은 《표준 한국어》 교재가 가진 효율성을 극대화하고 더 나아가 교재가 가진 현실적 한계를 극복하여 보충, 심화 교육 자료로서의 역할도 담당하게 될 것입니다. 이 익힘책이 교육 현장에서 적극적으로 활용될 수 있기를 기대합니다.

다문화 배경의 학령기 청소년이 자신의 언어적, 학습적 특성에 맞게 〈의사소통 한국어〉와 〈학습 도구 한국어〉를 효율적으로 학습하는 데에 도움을 주고자 진행된 이번 익힘책 개발은 여러 기관과 많은 관계자들의 지원과 노력이 없이는 불가능했습니다. 우선 이 새로운 방식의 익힘책이 완성되기까지 지지와 지원을 아끼지 않으신 교육부와 국립국어원 관계자 여러분께 깊이 감사드립니다. 또한 새 시대에 맞는 새 교재가 보다 효율적으로 사용될 수 있도록 새로운 익힘책을 만들어 보자는 의지와 열정으로 익힘책 집필에 노력을 다 바쳐 온 집필진 모두에게 진심에서 우러나오는 감사를 드립니다. 더불어 시대의 흐름과 청소년 학습자 선호도에 맞춘 편집과 삽화 등으로 교재에 이어 익힘책의 새로운 방향을 마련해 주신 마리북스 출판사에도 감사의 말씀을 드립니다.

이 교재 집필진 및 관계자와 이 사회 구성원 모두의 지지와 염원이 담긴 본 익힘책이 KSL 학습자의 특수성에 부합되고 필요성을 충족시키면서 보충과 심화의 교육 기능까지도 담당하여, 생활과 학업에서 성취를 이루는 데에 기여할 수 있기를 희망합니다.

2020년 1월
저자 대표 심혜령

　《중고등학생을 위한 표준 한국어 익힘책》(의사소통 1)은 다문화 배경을 가진 청소년 학습자들이 일상생활과 학교생활에서 필요한 초급 수준의 한국어를 교재에서 학습한 후 교재의 내용을 충분히 연습할 수 있도록 연계성을 높여 구성하였다. 초급 학습자가 해당 권을 학습하기 전 한글 자모음을 알고 있는지 확인해 보는 '자가 확인' 단원을 1개 두었으며, 한글 자모의 발음과 글자를 되새겨 익히게 할 목적으로 2개의 예비 단원을 두었다. 그리고 본교재의 단원과 동일한 주제를 가지고 본교재에서 배운 내용을 익힐 수 있도록 하는 익힘 단원을 8개 두었다. 또한 교재 1권의 내용 전체를 종합적으로 연습해 볼 수 있는 '종합 연습' 단원을 1개 두어 총 12개 단원으로 구성하였다.

● **'자가 확인'**은 해당하는 교재 각 권을 학습하기 전에 학습자가 그 해당 교재를 학습할 수준이 되는지를 확인하는 문제들로 이루어져 있는데, 그 문제의 난이도는 학습할 해당 교재보다 한 단계 낮은 수준으로 구성하였다. 단, 1권의 경우에는 한글 자모음을 읽고 쓰는 문제 및 활동으로 자가 확인을 할 수 있도록 하였다. 총 24문제로 구성하였으며, 문제 뒤에는 기초 단어와 수업 용어를 확인해 보는 자가 확인표를 제시하였다.

● **'종합 연습'**은 각 권의 교재에서 목표로 하는 수준 정도의 학습 성취를 이루었는지 확인하며 종합적으로 연습해 볼 수 있도록 내용을 구성하였다. 총 20문제(어휘 8문제, 문법 8문제, 듣기와 읽기 4문제)로 구성하였으며, 교재의 '꼭 배워요'에서 학습한 어휘와 문법, '더 배워요'에 제시된 대화문과 읽기 지문을 활용하여 문제를 구성하였다.

〈교재 활용 정보〉
● 학습자 스스로 학습해야 할 내용에 대한 이해를 돕는 다양한 보충 문제를 연습할 수 있다.
● 교사는 교육 현장의 특성(학습자의 요구, 교육 시간, 학급 운영 상황 등)에 맞게 자료를 선택적으로 사용할 수 있다.

〈단원 구성〉

각 단원은 '도입, 어휘와 표현, 문법, 마무리' 4개로 구성하였다.

〈단원별 구성 내용〉

1. 도입: 단원명 → 학습 목표 → 삽화 → 단원 학습 내용
2. 어휘와 표현: 어휘를 익혀요
3. 문법: 문법을 익혀요 1 → 문법을 익혀요 2 → 문법을 익혀요 3 → 문법을 익혀요 4
4. 마무리: 학습 일지 → 이삭줍기

〈도입〉

- 도입에 단원명, 학습 목표, 단원 학습 내용을 명확하게
제시하였다.

〈어휘와 표현〉

어휘를 익혀요

- 교재에서 제시된 주제 어휘 및 꾸러미 어휘를 잘 이해
하고 사용할 수 있도록 연습 문제를 구성하였다.

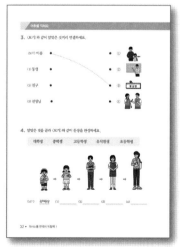

일러두기

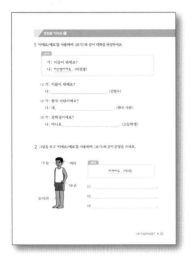

〈문법〉

문법을 익혀요

■ 각 단원에 제시된 문법 항목을 순서대로 연습할 수
있도록 '문법을 익혀요 1~4'로 제시하였다.

〈마무리〉

① 학습 일지

■ 학습한 어휘와 문법에 대해 학습자가 스스로 이해 여부를
확인할 수 있도록 체크리스트 작성 형식으로 구성하였다.

② 이삭줍기

■ 각 단원의 학습 주제에 부합하는 의성 · 의태어, 관용어,
속담 등을 제시하였다.

차례

☑ 자가 확인

[1-2] 다음을 읽으세요.

1. 아 어 오 우 으 이 애 에

2. 구두 노래 버스 모자 허리 지우개

[3-4] 글자를 완성하세요.

3. (1) ㅇ, ㅓ ⇒ ☐ (2) ㄱ, ㅡ ⇒ ☐

4. (1) ㅇ, ㅜ, ㄹ, ㅣ ⇒ ☐☐ (2) ㅎ, ㅗ, ㄷ, ㅜ ⇒ ☐☐

[5-6] 다음을 읽으세요.

5. 야 여 요 유 얘 예

6. 우유 여자 요리 뉴스 얘기 예매

[7-8] 글자를 완성하세요.

7. (1) ㅇ, ㅒ ⇒ ☐ (2) ㅇ, ㅑ ⇒ ☐

8. (1) ㅇ, ㅠ, ㄹ, ㅣ ⇒ ☐☐ (2) ㅇ, ㅕ, ㅈ, ㅏ ⇒ ☐☐

[9-10] 다음을 읽으세요.

9.　　코　　투수　　포도　　기차　　커피　　채소

10.　　뼈　　토끼　　오빠　　찌개　　쓰레기　　보따리

[11-12] 글자를 완성하세요.

11. (1) ㅃ, ㅏ ⇒ ☐　　　　(2) ㅊ, ㅗ ⇒ ☐

12. (1) ㅌ, ㅗ, ㄲ, ㅣ ⇒ ☐☐　　　　(2) ㄲ, ㅏ, ㅊ, ㅣ ⇒ ☐☐

[13-14] 다음을 읽으세요.

13.　　와　　왜　　외　　워　　웨　　위　　의

14.　　사과　　돼지　　귀　　샤워　　스웨터　　회의

[15-16] 글자를 완성하세요.

15. (1) ㅈ, ㅟ ⇒ ☐　　　　(2) ㅁ, ㅝ ⇒ ☐

16. (1) ㅇ, ㅢ, ㅈ, ㅏ ⇒ ☐☐　　　　(2) ㄱ, ㅘ, ㅈ, ㅏ ⇒ ☐☐

[17-18] 다음을 읽으세요.

17.　　박　반　받　발　밤　밥　방

18.　　약　산　김치　받침　지갑　서울　가방

[19-20] 글자를 완성하세요.

19. (1) ㅈ, ㅏ, ㄴ ⇒ □　　　(2) ㅂ, ㅏ, ㅂ ⇒ □

20. (1) ㅅ, ㅏ, ㄹ, ㅏ, ㅇ ⇒ □□　　　(2) ㅎ, ㅏ, ㄱ, ㅅ, ㅐ, ㅇ ⇒ □□

[21-24] 다음을 읽으세요.

21.　　앉다　많다　잃다　여덟　없다　닭　젊다　읊다

22.　　단어　직업　음악　일요일　한국어

23.　　꽃이 피었어요.　　　　잊어버렸어요.

24.　　이 옷을 입으세요.　　　　산에 가고 싶어요.

자가 확인표

☑ 아는 것에 ✔ 하세요.

영역	내용			
단어	☐ 공책	☐ 교실	☐ 남자	☐ 문
	☐ 볼펜	☐ 선생님	☐ 여자	☐ 연필
	☐ 의자	☐ 이름	☐ 창문	☐ 책
	☐ 책상	☐ 칠판	☐ 학교	☐ 학생
수업 용어	☐ 책을 펴세요.	☐ 책을 보세요.	☐ 들으세요.	☐ 읽으세요.
	☐ 쓰세요.	☐ 말해 보세요.	☐ 따라 해 보세요.	
	☐ 선생님, 질문 있어요.		☐ 네, 알겠습니다.	
	☐ 선생님, 잘 모르겠습니다.			

예비 1 한글 모음과 자음 1

학습 목표

한글 모음과 자음의 소리를 알고 발음할 수 있다.

한글 모음과 자음을 읽고 쓸 수 있다.

꼭 배워요(필수)

글자와 발음 1

모음	ㅏ ㅓ ㅗ ㅜ ㅡ ㅣ ㅐ ㅔ
	ㅑ ㅕ ㅛ ㅠ ㅒ ㅖ

자음	ㄱ ㄴ ㄷ ㄹ ㅁ ㅂ ㅅ ㅇ ㅈ ㅎ
	ㅋ ㅌ ㅍ ㅊ
	ㄲ ㄸ ㅃ ㅆ ㅉ

1. 쓰세요.

ㅇ	ㅏ	아	아		ㅇ	ㅓ	어	어	
ㅇ	ㅗ	오	오		ㅇ	ㅜ	우	우	
ㅇ	ㅡ	으	으		ㅇ	ㅣ	이	이	
ㅇ	ㅐ	애	애		ㅇ	ㅔ	에	에	

2. 읽고 쓰세요.

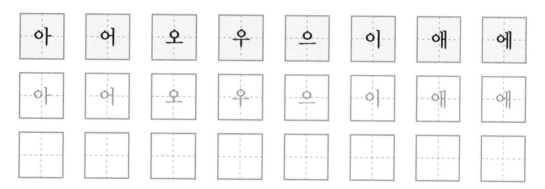

아	어	오	우	으	이	애	에
아	어	오	우	으	이	애	에

3. 단어를 읽고 쓰세요.

이	이				
오	오				
오이	오이				
아이	아이				
우애	우애				

1. 읽고 쓰세요.

ㄱ	ㄱ			
ㄴ	ㄴ			
ㄷ	ㄷ			
ㄹ	ㄹ			
ㅁ	ㅁ			

ㅂ	ㅂ			
ㅅ	ㅅ			
ㅇ	ㅇ			
ㅈ	ㅈ			
ㅎ	ㅎ			

2. 단어를 읽고 쓰세요.

ㄱ	고기		고기		
	구두		구두		

ㄴ	나무		나무		
	노래		노래		

ㄷ	다리		다리		
	대나무		대나무		

| ㄹ | 러시아 | | 러시아 | | | |
| | 라디오 | | 라디오 | | | |

| ㅁ | 모자 | | 모자 | | | |
| | 무지개 | | 무지개 | | | |

| ㅂ | 바지 | | 바지 | | | |
| | 버스 | | 버스 | | | |

| ㅅ | 세수 | | 세수 | | | |
| | 사자 | | 사자 | | | |

| ㅇ | 오이 | | 오이 | | | |
| | 아기 | | 아기 | | | |

| ㅈ | 지도 | | 지도 | | | |
| | 지우개 | | 지우개 | | | |

| ㅎ | 허리 | | 허리 | | | |
| | 호두 | | 호두 | | | |

1. 쓰세요.

ㅇ	ㅑ	야	야	
ㅇ	ㅕ	여	여	
ㅇ	ㅛ	요	요	

ㅇ	ㅠ	유	유	
ㅇ	ㅐ	애	애	
ㅇ	ㅖ	예	예	

2. 읽고 쓰세요.

야	여	요	유	애	예
야	여	요	유	애	예

3. 단어를 읽고 쓰세요.

야구	야구				
여자	여자				
요리	요리				
우유	우유				
예매	예매				

1. 쓰세요.

ㅊ	ㅊ				
ㅋ	ㅋ				
ㅌ	ㅌ				
ㅍ	ㅍ				

2. 단어를 읽고 쓰세요.

ㅊ	치즈		치즈		
	채소		채소		

ㅋ	커피		커피		
	케이크		케이크		

ㅌ	투수		투수		
	토마토		토마토		

ㅍ	포도		포도		
	피아노		피아노		

1. 쓰세요.

ㄲ	ㄲ					
ㄸ	ㄸ					
ㅃ	ㅃ					
ㅆ	ㅆ					
ㅉ	ㅉ					

2. 단어를 읽으세요.

ㄲ	까치		까치			
	토끼		토끼			
ㄸ	보따리		보따리			
	메뚜기		메뚜기			
ㅃ	뼈		뼈			
	뿌리		뿌리			
ㅆ	씨		씨			
	쓰레기		쓰레기			
ㅉ	찌개		찌개			
	버찌		버찌			

☑ 아는 것에 ✔하세요.

영역	내용					
모음	☐ 아	☐ 어	☐ 오	☐ 우	☐ 으	☐ 이
	☐ 애	☐ 에	☐ 야	☐ 여	☐ 요	☐ 유
자음	☐ ㄱ	☐ ㄴ	☐ ㄷ	☐ ㄹ	☐ ㅁ	☐ ㅂ
	☐ ㅅ	☐ ㅇ	☐ ㅈ	☐ ㅎ	☐ ㅋ	☐ ㅌ
	☐ ㅍ	☐ ㅊ	☐ ㄲ	☐ ㄸ	☐ ㅃ	☐ ㅆ
	☐ ㅉ					
단어	☐ 아이	☐ 오이	☐ 우애	☐ 고기	☐ 나무	☐ 시계
	☐ 다리	☐ 라디오	☐ 바지	☐ 세수	☐ 지도	☐ 허리
	☐ 치즈	☐ 커피	☐ 투수	☐ 피아노	☐ 까치	☐ 메뚜기
	☐ 뼈	☐ 쓰레기	☐ 찌개			

하하 / 호호 / 허허 / 히히   웃는 소리 또는 그 모양.

호호

허허

하하

히히

학습 목표

한글 모음과 자음의 소리를 알고 발음할 수 있다.

받침이 있는 글자를 읽고 쓸 수 있다.

꼭 배워요(필수)

글자와 발음 2

모음	ㅘ ㅙ ㅚ ㅝ ㅞ ㅟ ㅢ
받침	ㄱ ㅋ ㄲ ㄴ ㄷ ㅅ ㅆ ㅈ ㅊ ㅌ ㅎ ㄹ ㅁ ㅂ ㅍ ㅇ

겹받침	몫 앉다 많다 밟다 꿇다 훑다 없다 외곬 닭 젊다 읊다
연음	한국어 일요일 단어 음악

1. 쓰세요.

ㅇ	ㅘ	와	와	
ㅇ	ㅙ	왜	왜	
ㅇ	ㅚ	외	외	

ㅇ	ㅝ	워	워	
ㅇ	ㅞ	웨	웨	
ㅇ	ㅟ	위	위	
ㅇ	ㅢ	의	의	

2. 읽고 쓰세요.

와	왜	외	워	웨	위	의
와	왜	외	워	웨	위	의

3. 단어를 읽고 쓰세요.

사과	사과		스웨터	스웨터	
돼지	돼지		가위	가위	
샤워	샤워		회의	회의	

1. 읽고 쓰세요.

아						
ㄱ	ㄴ	ㄷ	ㄹ	ㅁ	ㅂ	ㅇ

⬇

악	안	앋	알	암	압	앙
악	안	앋	알	암	압	앙

2. 읽고 쓰세요.

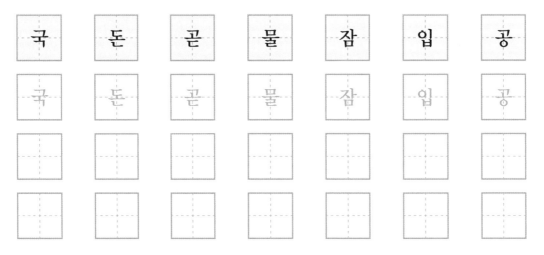

국	돈	곤	물	잠	입	공
국	돈	곤	물	잠	입	공

3. 단어를 읽고 쓰세요.

책	책		끝	끝	
밖	밖		있다	있다	
부엌	부엌		물	물	
눈	눈		교실	교실	
사진	사진		밤	밤	
곧	곧		김치	김치	
빗	빗		집	집	
꽃	꽃		숲	숲	
히읗	히읗		공	공	
낮	낮		가방	가방	

4. 다음 중 받침 소리가 <u>다른</u> 것을 고르세요.

(1) ① 밤　　② 입　　③ 숲　　(2) ① 빛　　② 낮　　③ 산

(3) ① 밭　　② 꽃　　③ 약　　(4) ① 살　　② 잠　　③ 길

(5) ① 가방　② 친구　③ 사진　(6) ① 수박　② 닫다　③ 부엌

5. 다음을 읽고 받침 소리가 같은 것을 고르세요.

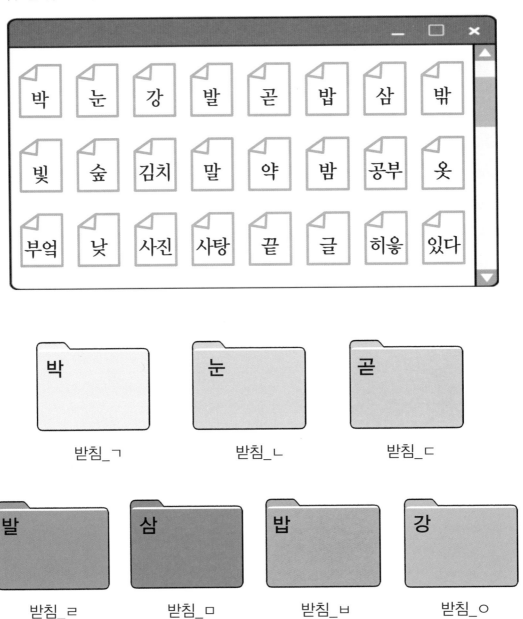

1. 읽고 쓰세요.

몫	앉다	잃다	값	얹다	여덟
몫	앉다	잃다	값	얹다	여덟

훑다	외곬	닭	젊다	읊다
훑다	외곬	닭	젊다	읊다

2. 〈보기〉와 같이 받침 소리가 같은 것끼리 연결하세요.

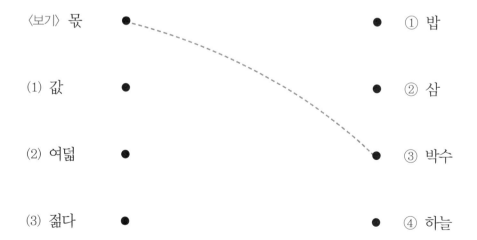

〈보기〉 몫 ● ──── ● ① 밥

(1) 값 ● ● ② 삼

(2) 여덟 ● ● ③ 박수

(3) 젊다 ● ● ④ 하늘

1. 단어를 읽고 쓰세요.

단어	단어			
일요일	일요일			
음악	음악			
한국어	한국어			
먹어요	먹어요			
같아요	같아요			
있어요	있어요			
많아요	많아요			
앉아요	앉아요			

2. 다음 문장을 읽으세요.

(1) 밥을 먹어요.

(2) 모자가 있어요.

(3) 꽃을 받았어요.

(4) 금요일에 만나요.

(5) 한국어 책을 읽어요.

(6) 밖에서 놀고 싶어요.

(7) 이 의자에 앉으세요.

(8) 선생님이 교실에 없어요.

☑ 아는 것에 ✔하세요.

영역	내용			
모음	☐ 와	☐ 워	☐ 위	☐ 의
	☐ 왜	☐ 외	☐ 웨	
받침	☐ 책	☐ 눈	☐ 곧	☐ 물
	☐ 밤	☐ 집	☐ 강	☐ 옷
	☐ 낮	☐ 몫	☐ 닭	☐ 삶
	☐ 여덟	☐ 앉다	☐ 읊다	
연음	☐ 단어	☐ 일요일	☐ 한국어	☐ 없어요
단어	☐ 과자	☐ 가위	☐ 스웨터	☐ 돼지
	☐ 샤워	☐ 회의	☐ 국	☐ 돈
	☐ 꽃	☐ 교실	☐ 잠	☐ 입
	☐ 공	☐ 밖	☐ 숲	☐ 빛

응애 / 엉엉 / 흑흑 우는 소리 또는 그 모양.

응애

엉엉

흑흑

1과 안녕하세요?

인사를 할 수 있다.
자기소개를 할 수 있다.

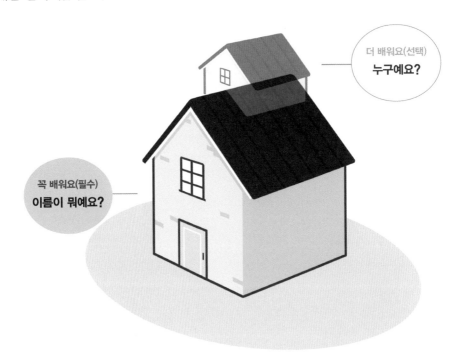

더 배워요(선택)
누구예요?

꼭 배워요(필수)
이름이 뭐예요?

어휘	안녕하세요 만나서 반갑습니다 안녕 안녕히 계세요 잘 가 내일 봐
	우즈베키스탄 베트남 필리핀 몽골 중국 일본 영국 독일 캐나다 프랑스
	한국 미국 아프리카 선생님 학생 중학생 학생증 이름 학년 반
	영 일 이 삼 사 오 육 칠 팔 구 십 뭐(무엇) 누구 몇
	저 제 나 너 사람 동생 친구 초등학생 고등학생 대학생 네 아니요

문법	이호민**이에요**.	저**는** 정호예요.
	나는 5반**이야**.	1학년**이 아니에요**.

1. 알맞은 것을 골라 〈보기〉와 같이 대화를 완성하세요.

안녕   잘 가   안녕하세요   안녕히 계세요

2. 알맞은 것을 골라 〈보기〉와 같이 쓰세요.

영   구   사   삼   십   오   육   이   일   칠   팔

0	1	2	3	4	5
〈보기〉영					

6	7	8	9	10

3. 〈보기〉와 같이 알맞은 것끼리 연결하세요.

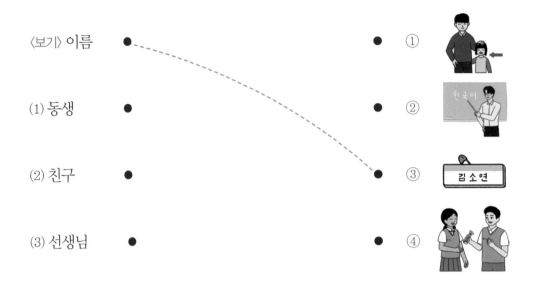

4. 알맞은 것을 골라 〈보기〉와 같이 문장을 완성하세요.

대학생   중학생   고등학생   유치원생   초등학생

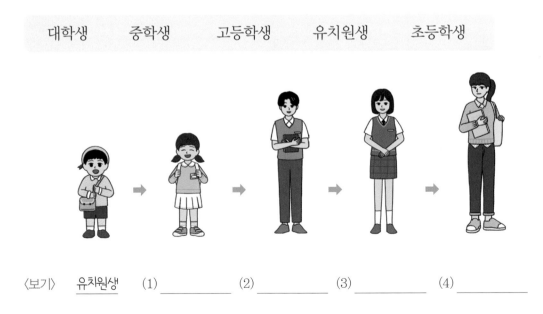

〈보기〉   유치원생   (1) _____   (2) _____   (3) _____   (4) _____

1. '이에요/예요'를 사용하여 〈보기〉와 같이 대화를 완성하세요.

> 〈보기〉
>
> 가: 이름이 뭐예요?
>
> 나: <u>이선영이에요</u>. (이선영)

(1) 가: 이름이 뭐예요?

　　나: _____. (김영수)

(2) 가: 한국 사람이에요?

　　나: 네, _____. (한국 사람)

(3) 가: 중학생이에요?

　　나: 아니요, _____. (고등학생)

2. 그림을 보고 '이에요/예요'를 사용하여 〈보기〉와 같이 문장을 쓰세요.

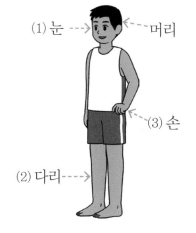

(1) 눈

머리

(3) 손

(2) 다리

> 〈보기〉
>
> <u>머리예요</u>. (머리)

(1) _____.

(2) _____.

(3) _____.

1. '은/는'을 사용하여 〈보기〉와 같이 문장을 완성하세요.

〈보기〉

> 저는 김하나예요. (저)

(1) _____ 이민우예요. (제 이름)

(2) _____ 중국 사람이에요. (제 친구)

(3) _____ 1학년이에요. (수호)

2. 그림을 보고 '은/는'을 사용하여 〈보기〉와 같이 문장을 완성하세요.

이름	나나
고향	중국
직업	학생

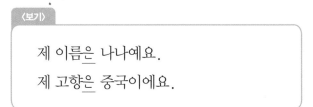

〈보기〉

> 제 이름은 나나예요.
> 제 고향은 중국이에요.

(1)

이름	와니
고향	필리핀
직업	중학생

(1) 제 친구_____ 와니예요.

와니_____ 중학생이에요.

(2)

이름	이진영
고향	한국
직업	선생님

(2) 저_____ 이진영이에요.

직업_____ 선생님이에요.

1. '이야/야'를 사용하여 〈보기〉와 같이 문장을 완성하세요.

〈보기〉

나는 <u>4반이야</u>. (4반)

(1) 영수는 _____. (1학년)

(2) 선영이는 _____. (내 동생)

(3) 수호는 _____. (내 친구)

2. '이야/야'를 사용하여 〈보기〉와 같이 대화를 완성하세요.

〈보기〉

가: <u>몇 반이야</u>? (몇 반)

나: 나는 3반이야.

(1) 가: _____? (몇 학년)

나: 1학년이야.

(2) 가: 이름이 _____? (뭐)

나: 나는 정호야.

(3) 가: _____? (동생)

나: 응, 동생이야.

1. '이/가 아니에요'를 사용하여 〈보기〉와 같이 대화를 완성하세요.

〈보기〉

> 가: 초등학생이에요?
> 나: 아니요, <u>초등학생이 아니에요</u>. 중학생이에요. (초등학생)

(1) 가: 1학년 3반이에요?

　　나: 아니요, ＿＿＿＿＿＿＿＿＿＿＿＿＿. 4반이에요. (3반)

(2) 가: 와니예요?

　　나: 아니요, ＿＿＿＿＿＿＿＿＿＿＿＿＿. 안나예요. (와니)

(3) 가: 미국 사람이에요?

　　나: 아니요, ＿＿＿＿＿＿＿＿＿＿＿＿＿. 영국 사람이에요. (미국 사람)

2. 그림을 보고 알맞은 것을 골라 대화를 완성하세요.

아니	아니요	이 아니야	이 아니에요

(1) 2학년이야?
아니요, 선생님. 2학년＿＿＿＿＿.

(2) 2반이야?
＿＿＿＿, 2반＿＿＿＿＿.

☑ 아는 것에 ✔하세요.

영역	내용			
어휘	☐ 고등학생	☐ 영	☐ 구	☐ 대학생
	☐ 동생	☐ 사	☐ 삼	☐ 선생님
	☐ 십	☐ 안녕	☐ 안녕하세요	☐ 안녕히 계세요
	☐ 오	☐ 육	☐ 이	☐ 이름
	☐ 일	☐ 잘 가	☐ 중학생	☐ 초등학생
	☐ 친구	☐ 칠	☐ 팔	☐ 학교
문법	☐ 이에요/예요		☐ 은/는	
	☐ 이야/야		☐ 이/가 아니에요/아니야	

"안녕"

친구를 만나요. 인사해요.

친구와 헤어져요. 인사해요.

2과 체육복이 어디에 있어요?

학습 목표

물건의 이름을 안다.

물건의 위치를 말할 수 있다.

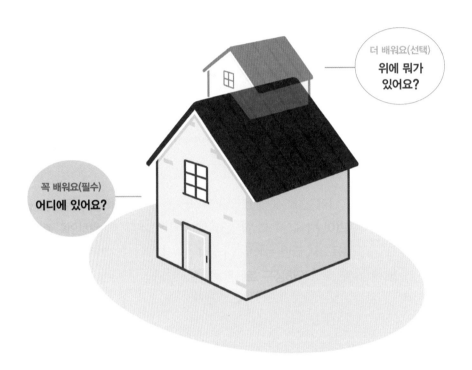

더 배워요(선택)

위에 뭐가 있어요?

꼭 배워요(필수)

어디에 있어요?

어휘	칠판 책상 교탁 의자 시계 사물함 위 아래 옆 앞 뒤 안
	이것 저것 그것 가방 연필 컴퓨터 교과서 지우개 교복
	교실 방 어디 옷장 침대 텔레비전 공책 볼펜 필통
	우산 체육복 휴대 전화 엄마 언니 오빠 응 아니

문법	가방**이 있어요**.
	옷장 안**에 있어**.
	공책**하고** 교과서가 있어.
	수호**의** 가방이야.

1. 알맞은 것을 골라 〈보기〉와 같이 쓰세요.

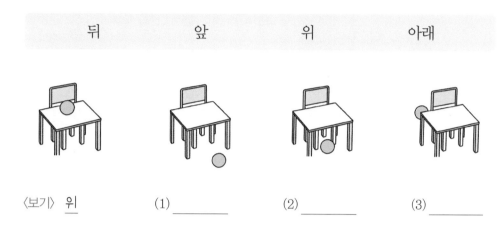

뒤	앞	위	아래

〈보기〉 위   (1) _____   (2) _____   (3) _____

2. 알맞은 것을 골라 〈보기〉와 같이 쓰세요.

가방	교복	연필	시계	교과서	지우개

〈보기〉

이것은 가방이에요.

(1) 이것은 _____예요.

(2) 이것은 _____이에요.

(3) 이것은 _____예요.

(4) 이것은 _____이에요.

(5) 이것은 _____예요.

3. 〈보기〉와 같이 알맞은 것끼리 연결하세요.

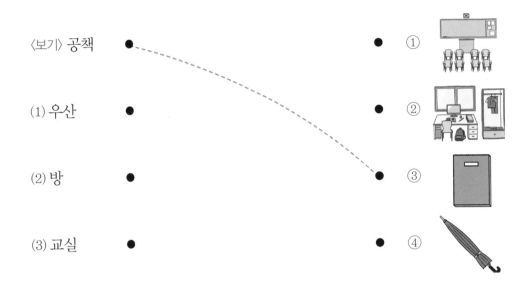

〈보기〉 공책

(1) 우산

(2) 방

(3) 교실

① ② ③ ④

4. 알맞은 것을 골라 〈보기〉와 같이 문장을 완성하세요.

옷장	침대	휴대 전화	텔레비전

〈보기〉

가: 이거 뭐예요?

나: 텔레비전이에요.

(1)

가: 이거 뭐예요?

나: _____.

(2)

가: 저거 뭐예요?

나: _____.

(3)

가: 저거 뭐예요?

나: _____.

1. '이/가 있어요/없어요'를 사용하여 〈보기〉와 같이 대화를 완성하세요.

〈보기〉

> 가: 볼펜이 있어요?
>
> 나: 네, <u>볼펜이 있어요</u>. / 아니요, <u>볼펜이 없어요</u>.

(1) 가: 텔레비전이 있어요?

　　나: 네, ＿＿＿＿＿＿＿＿＿＿＿＿＿＿＿＿.

(2) 가: 우산이 있어요?

　　나: 아니요, ＿＿＿＿＿＿＿＿＿＿＿＿＿＿.

(3) 가: 교과서가 있어요?

　　나: 네, ＿＿＿＿＿＿＿＿＿＿＿＿＿＿＿.

2. 그림을 보고 '이/가 있어요/없어요'를 사용하여 〈보기〉와 같이 문장을 쓰세요.

〈보기〉

<u>책상이 있어요</u>.

(1) ＿＿＿＿＿＿＿＿＿＿＿＿.

(2) ＿＿＿＿＿＿＿＿＿＿＿＿.

(3) ＿＿＿＿＿＿＿＿＿＿＿＿.

(4) ＿＿＿＿＿＿＿＿＿＿＿＿.

1. '에 있어요'를 사용하여 〈보기〉와 같이 대화를 완성하세요.

> 〈보기〉
>
> 가: 지우개가 어디에 있어요?
>
> 나: <u>필통 안에 있어요</u>. (필통 안)

(1) 가: 휴대 전화가 어디에 있어요?

　　나: _____. (컴퓨터 옆)

(2) 가: 교과서가 어디에 있어요?

　　나: _____. (책상 위)

(3) 가: 우산이 어디에 있어요?

　　나: _____. (의자 뒤)

2. 그림을 보고 '에 있어요'를 사용하여 〈보기〉와 같이 문장을 완성하세요.

> 〈보기〉
>
> 지우개가 <u>책상 위에 있어요</u>.

(1) 연필이 _____.

(2) 우산이 _____.

1. '하고'를 사용하여 〈보기〉와 같이 문장을 완성하세요.

〈보기〉

집에 <u>언니하고 오빠</u>가 있어요. (언니, 오빠)

(1) 옷장에 _____이 있어요. (교복, 체육복)

(2) 방에 _____이 있어요. (침대, 책상)

(3) 교실에 _____가 있어요. (영수, 정호)

2. 그림을 보고 '하고'를 사용하여 〈보기〉와 같이 대화를 완성하세요.

〈보기〉

가: 사물함 위에 뭐가 있어요?

나: <u>가방하고 시계가 있어요</u>.

(1) 가: 사물함 안에 뭐가 있어요?   (2) 가: 사물함 옆에 뭐가 있어요?

　　나: _____.   　　나: _____.

1. '의'를 사용하여 〈보기〉와 같이 대화를 완성하세요.

〈보기〉

가: 누구의 필통이에요?
나: <u>언니의 필통이에요</u>. (언니, 필통)

(1) 가: 누구의 지우개예요?
　　나: _____. (친구, 지우개)

(2) 가: 누구의 컴퓨터예요?
　　나: _____. (선생님, 컴퓨터)

(3) 가: 누구의 가방이에요?
　　나: _____. (동생, 가방)

2. 그림을 보고 '의'를 사용하여 〈보기〉와 같이 대화를 완성하세요.

〈보기〉

가: 누구의 책이에요?
나: <u>수호의 책이에요</u>.

(1)

가: 누구의 연필이에요?
나: _____.

(2)

가: 누구의 학생증이에요?
나: _____.

☑ 아는 것에 ✔하세요.

영역	내용			
어휘	☐ 가방	☐ 공책	☐ 교과서	☐ 교복
	☐ 교실	☐ 뒤	☐ 방	☐ 시계
	☐ 아래	☐ 안	☐ 앞	☐ 연필
	☐ 옆	☐ 옷장	☐ 우산	☐ 위
	☐ 지우개	☐ 침대	☐ 필통	☐ 휴대 전화
	☐ 텔레비전			
문법	☐ 이/가 있어요/없어요		☐ 에 있어요/없어요	
	☐ 하고		☐ 의	

똑똑 단단한 물건을 자꾸 가볍게 두드리는 소리.

영수의 방이에요.

'똑똑' 노크를 해요.

네, 들어오세요.

3과 도서관에서 책을 읽어

장소의 이름을 안다.
무엇을 하고 있는지 말할 수 있다.

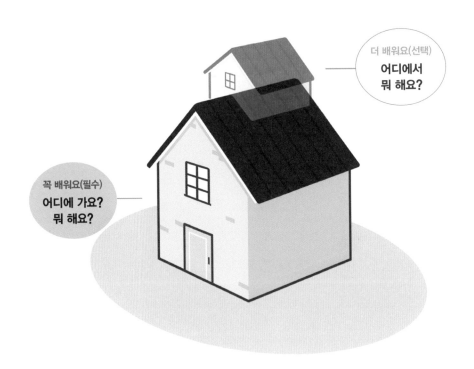

더 배워요(선택)
**어디에서
뭐 해요?**

꼭 배워요(필수)
**어디에 가요?
뭐 해요?**

어휘	화장실 도서관 교무실 급식실 운동장 집 병원 약국 문구점 서점 편의점
	마트 영화관 읽다 공부하다 먹다 운동하다 놀다 게임하다 보다 마시다
	사다 만나다 공원 백화점 영화 밥 물 주스 차 누나 형 우리 그럼
	그래 오늘 지금 안 요리하다 이야기하다 숙제하다 가다 오다

문법	읽**어요**.
	물**을** 마셔요.
	도서관**에** 가.
	서점**에서** 책을 사요.

1. 알맞은 것을 골라 〈보기〉와 같이 쓰세요.

병원   도서관   운동장   영화관   편의점

〈보기〉 도서관이에요.

(1) _____ 이에요.

(2) _____ 이에요.

(3) _____ 이에요.

(4) _____ 이에요.

2. 알맞은 것을 골라 〈보기〉와 같이 쓰세요.

먹다   보다   사다   읽다   마시다   만나다

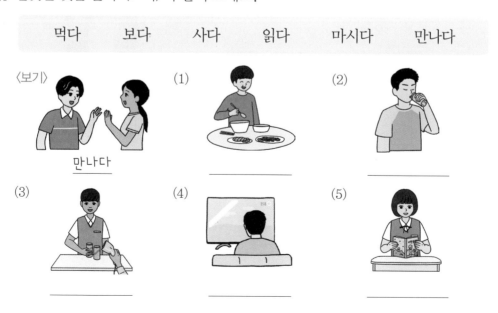

〈보기〉 만나다

(1) _____

(2) _____

(3) _____

(4) _____

(5) _____

3. 〈보기〉와 같이 알맞은 것끼리 연결하세요.

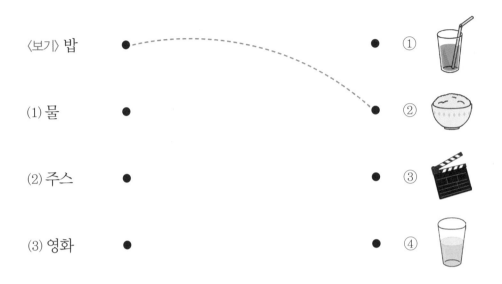

〈보기〉 밥 ●

(1) 물 ●

(2) 주스 ●

(3) 영화 ●

● ①

● ②

● ③

● ④

4. 알맞은 것을 골라 〈보기〉와 같이 문장을 완성하세요.

| 게임 | 운동 | 요리 | 이야기 |

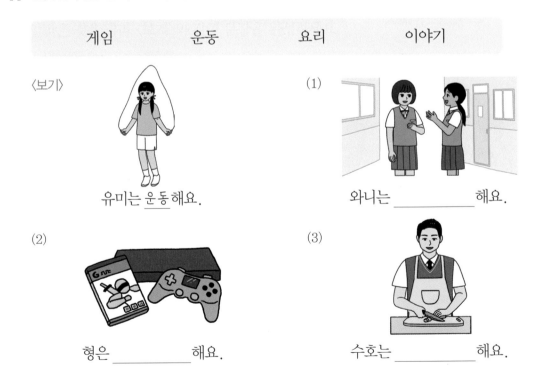

〈보기〉

유미는 운동해요.

(1)

와니는 _____ 해요.

(2)

형은 _____ 해요.

(3)

수호는 _____ 해요.

1. '-어요/아요/여요'를 사용하여 〈보기〉와 같이 대화를 완성하세요.

〈보기〉

> 가: 지금 뭐 해요?
>
> 나: 책 읽어요. (읽다)

(1) 가: 형은 뭐 해요?

　나: 주스 ＿＿＿＿＿＿＿＿＿＿＿＿＿. (마시다)

(2) 가: 동생은 뭐 해요?

　나: 영화 ＿＿＿＿＿＿＿＿＿＿＿＿＿. (보다)

(3) 가: 언니는 뭐 해요?

　나: ＿＿＿＿＿＿＿＿＿＿＿＿＿. (운동하다)

2. 그림을 보고 '-어요/아요/여요'를 사용하여 〈보기〉와 같이 문장을 쓰세요.

〈보기〉

> 나나는 책 읽어요.

(1) 민우는 ＿＿＿＿＿＿＿＿.

(2) 유미는 ＿＿＿＿＿＿＿＿.

1. '을/를'을 사용하여 〈보기〉와 같이 대화를 완성하세요.

〈보기〉

> 가: 무엇을 먹어요?
>
> 나: <u>밥을 먹어요</u>. (밥)

(1) 가: 무엇을 봐요?

　나: _____ 봐요. (영화)

(2) 가: 무엇을 읽어요?

　나: _____ 읽어요. (신문)

(3) 가: 무엇을 마셔요?

　나: _____ 마셔요. (차)

2. 그림을 보고 '을/를'을 사용하여 〈보기〉와 같이 문장을 쓰세요.

〈보기〉

> <u>사탕을 사요</u>.

사요

사탕　사과

우유　빵

(1) _____ .

(2) _____ .

(3) _____ .

1. '에 가다/오다'를 사용하여 〈보기〉와 같이 문장을 완성하세요.

〈보기〉

수호가 <u>학교에 가요</u>. (학교, 가다)

(1) 형이 _____. (백화점, 가다)

(2) 동생이 _____. (집, 오다)

(3) 언니가 _____. (공원, 가다)

2. 그림을 보고 '에 가다/오다'를 사용하여 〈보기〉와 같이 대화를 완성하세요.

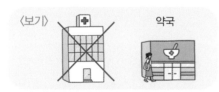

가 : 병원에 가요?

나 : 아니요, <u>병원에 안 가요</u>.

가 : 그럼 어디에 가요?

나 : <u>약국에 가요</u>.

(1) 가 : 커피숍에 가요?

　나 : 아니요, _____.

　가 : 그럼 어디에 가요?

　나 : _____.

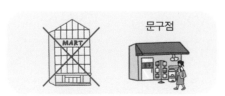

(2) 가 : 마트에 가?

　나 : 아니, _____.

　가 : 그럼 어디에 가?

　나 : _____.

(3) 가 : 서점에 가?

　나 : 아니, _____.

　가 : 그럼 어디에 가?

　나 : _____.

1. '에서'를 사용하여 〈보기〉와 같이 대화를 완성하세요.

> 〈보기〉
>
> 가: 어디에서 우유를 사요?
> 나: 편의점에서 우유를 사요. (편의점, 우유, 사다)

(1) 가: 어디에서 영화를 봐요?

　나: _____. (영화관, 영화, 보다)

(2) 가: 어디에서 책을 읽어요?

　나: _____. (도서관, 책, 읽다)

(3) 가: 어디에서 밥을 먹어요?

　나: _____. (식당, 밥, 먹다)

2. 알맞은 것을 골라 〈보기〉와 같이 문장을 완성하세요.

에	에서

> 〈보기〉
>
> 공원에 가요. 공원에서 운동해요.

(1) 학교_____ 가요. 학교_____ 공부해요.

(2) 집_____ 있어요. 집_____ 텔레비전을 봐요.

▨ 아는 것에 ✔ 하세요.

영역	내용			
어휘	☐ 가방	☐ 공부하다	☐ 놀다	☐ 도서관
	☐ 마시다	☐ 만나다	☐ 먹다	☐ 물
	☐ 밥	☐ 병원	☐ 보다	☐ 사다
	☐ 서점	☐ 숙제	☐ 영화	☐ 영화관
	☐ 요리하다	☐ 운동하다	☐ 운동장	☐ 이야기하다
	☐ 읽다	☐ 주스	☐ 차	☐ 편의점
문법	☐ –어요/아요/여요		☐ 을/를	
	☐ 에 가다/오다		☐ 에서	

많이 / 조금 / 빨리 / 천천히

많이 먹어요.   조금 먹어요.   빨리 가요.   천천히 가요.

4과 공원에 친구를 만나러 갔어요

학습 목표

어제 한 일을 묻고 답할 수 있다.
이동하는 목적과 방법을 말할 수 있다.

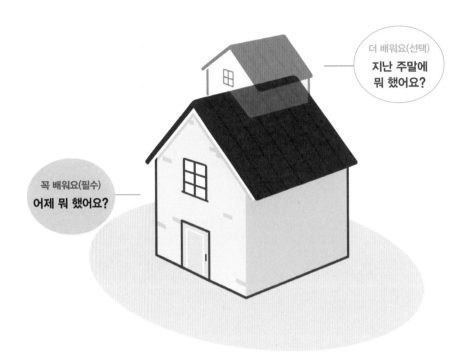

더 배워요(선택)
지난 주말에 뭐 했어요?

꼭 배워요(필수)
어제 뭐 했어요?

어휘	일어나다 세수하다 아침을 먹다 수업을 듣다 등교하다 하교하다 돌아오다
	씻다 자다 오전 오후 아침 점심 저녁 버스 택시 지하철 자전거
	타다 내리다 지하철역 정류장 고속버스 기차 배 비행기 공항 터미널
	낮 어제 노래 극장 수건 젓가락 닦다 청소를 하다

문법	도서관에서 책을 읽**었**어.
	오후**에** 누나하고 텔레비전을 봤어.
	도서관에 책을 읽**으러** 가요.
	버스**로** 가.

1. 알맞은 것을 골라 〈보기〉와 같이 쓰세요.

씻다   자다   등교하다   세수하다   수업을 듣다

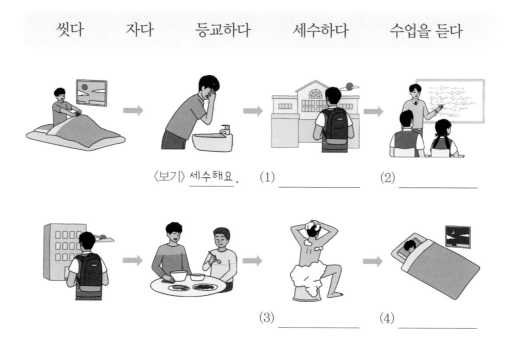

〈보기〉 세수해요.   (1) _____   (2) _____

(3) _____   (4) _____

2. 그림을 보고 알맞은 것을 골라 문장을 완성하세요.

버스   정류장   지하철   지하철역

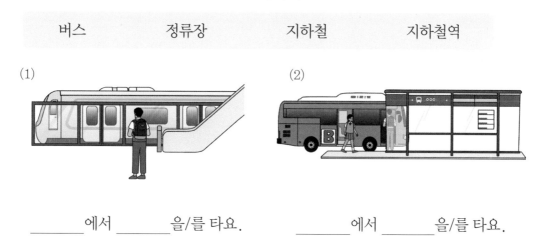

(1)   (2)

_____에서 _____을/를 타요.   _____에서 _____을/를 타요.

3. 〈보기〉와 같이 알맞은 것끼리 연결하세요.

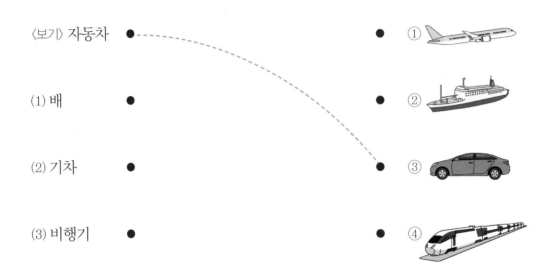

4. 알맞은 것을 골라 〈보기〉와 같이 문장을 완성하세요.

극장	노래	청소	버스 터미널

〈보기〉

버스 터미널에서 고속버스를 타요.

(1) _____에서 영화를 봐요.

(2) 저는 한국 가수의 _____을/를 들어요.

(3) 오늘 친구가 우리 집에 와요. 그래서 _____을/를 해요.

1. '-었/았/였-'을 사용하여 〈보기〉와 같이 대화를 완성하세요.

> 〈보기〉
>
> 가: 어제 뭐 했어요?
>
> 나: 백화점에서 옷을 <u>샀어요</u>. (사다)

(1) 가: 어제 뭐 했어요?

　　나: 도서관에서 책을 _____. (읽다)

(2) 가: 매일 학교에 걸어가?

　　나: 아니, 어제는 버스를 _____. (타다)

(3) 가: 어제 공원에서 뭐 했어?

　　나: 나나하고 이야기를 _____. (하다)

2. '-었/았/였-'을 사용하여 일기를 완성하세요.

> ### 20＊＊년 5월 13일 ☀
>
> 오늘 오전에 공원에 〈보기〉 <u>갔어요</u>.
> 　　　　　　　　　　　　　(가다)
>
> 공원에서 친구를 (1) _____. 친구하고 같이 (2) _____.
> 　　　　　　　　　(만나다)　　　　　　　　　　　　　　(농구하다)
>
> 우리는 편의점에서 김밥을 (3) _____. 주스도 (4) _____.
> 　　　　　　　　　　　　　　(먹다)　　　　　　　　　(마시다)
>
> 그리고 집에 (5) _____.
> 　　　　　　(돌아오다)

1. '에'를 사용하여 〈보기〉와 같이 대화를 완성하세요.

〈보기〉

> 가: 언제 숙제를 했어요?
>
> 나: <u>오전에 숙제를 했어요</u>. (오전, 숙제를 하다)

(1) 가: 언제 청소를 했어요?

　나: ＿＿＿＿＿＿＿＿＿＿＿＿＿＿＿. (오후, 청소를 하다)

(2) 가: 언제 영화를 봐요?

　나: ＿＿＿＿＿＿＿＿＿＿＿＿＿＿＿. (일요일, 영화를 보다)

(3) 가: 언제 케이크를 먹었어요?

　나: ＿＿＿＿＿＿＿＿＿＿＿＿＿＿＿. (어제 저녁, 케이크를 먹다)

2. 그림을 보고 '에'를 사용하여 〈보기〉와 같이 문장을 쓰세요.

아침	점심	저녁	밤

오전　　　　　　　　　오후

〈보기〉

> <u>아침에 운동을 했어요</u>.

(1) ＿＿＿＿＿＿＿＿＿＿＿＿＿＿＿＿＿＿.

(2) ＿＿＿＿＿＿＿＿＿＿＿＿＿＿＿＿＿＿.

(3) ＿＿＿＿＿＿＿＿＿＿＿＿＿＿＿＿＿＿.

1. '-으러/러'를 사용하여 〈보기〉와 같이 문장을 쓰세요.

〈보기〉

운동장에 운동을 하러 가요 . (운동장, 운동을 하다, 가다)

(1) _____ .

(식당, 밥을 먹다, 가다)

(2) _____ .

(마트, 바나나를 사다, 가다)

(3) _____ .

(교무실, 선생님을 만나다, 가다)

2. 그림을 보고 '-으러/러'를 사용하여 〈보기〉와 같이 문장을 쓰세요.

〈보기〉

호민이는 공원에 자전거를 타러 왔어요.

(1) 유미는 _____

_____ .

(2) 수호하고 나나는 _____

_____ .

1. '으로/로'를 사용하여 〈보기〉와 같이 문장을 완성하세요.

〈보기〉

버스로 학교에 가요. (버스)

(1) _____ 이름을 써요. (볼펜)

(2) _____ 노래를 들어요. (휴대 전화)

(3) _____ 이를 닦아요. (칫솔)

2. 그림을 보고 '으로/로'를 사용하여 〈보기〉와 같이 문장을 쓰세요.

빨대   비누   숟가락

〈보기〉

빨대로 주스를 마셔요.

(1)   (2)

_____   _____

_____.   _____.

☑ 아는 것에 ✔하세요.

영역	내용			
어휘	☐ 고속버스	☐ 공항	☐ 극장	☐ 기차
	☐ 등교하다	☐ 배	☐ 버스	☐ 비행기
	☐ 세수하다	☐ 수업을 듣다	☐ 씻다	☐ 오전
	☐ 오후	☐ 일어나다	☐ 자다	☐ 자전거
	☐ 정류장	☐ 지하철	☐ 지하철역	☐ 청소
	☐ 택시	☐ 하교하다		
문법	☐ -었/았/였-		☐ 에	
	☐ -으러/러		☐ 으로/로	

따르릉~

빵빵!

학습 목표

과목 이름과 수업 시간을 안다.
앞으로 할 일을 말할 수 있다.

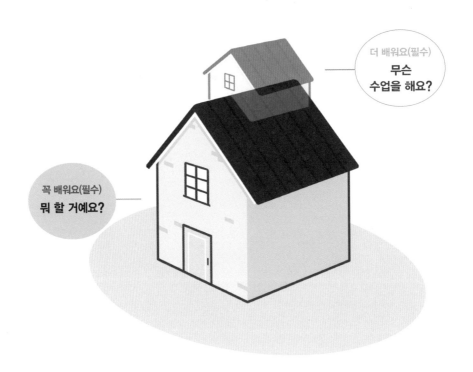

더 배워요(필수)
**무슨
수업을 해요?**

꼭 배워요(필수)
뭐 할 거예요?

어휘	월요일　화요일　수요일　목욕일　금요일　시간표　교시
	국어　사회　도덕　역사　영어　수학　미술　과학　체육　기타　날씨　매점　산
	하나　둘　셋　넷　다섯　여섯　일곱　여덟　아홉　열　시　분　몇　내일　다음
	쉬는 시간　점심시간　토요일　끝나다　갈아입다　그림을 그리다
	비가 오다　기다리다　만들다　배우다　준비하다　앉다　펴다　심심하다

문법	책을 읽**을 거예요**.	손을 씻**으세요**.
	게임도 하**고** 영화도 볼 거야.	날씨가 좋**으면** 산에 갈 거예요.

1. 알맞은 것을 골라 〈보기〉와 같이 쓰세요.

과학실	미술실	음악실	체육관

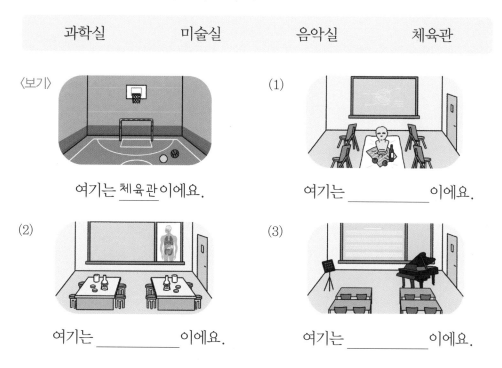

〈보기〉

여기는 체육관이에요.

(1) 여기는 _____이에요.

(2) 여기는 _____이에요.

(3) 여기는 _____이에요.

2. 알맞은 것을 골라 〈보기〉와 같이 쓰세요.

한	세	다섯	열두	삼십	사십오	오십

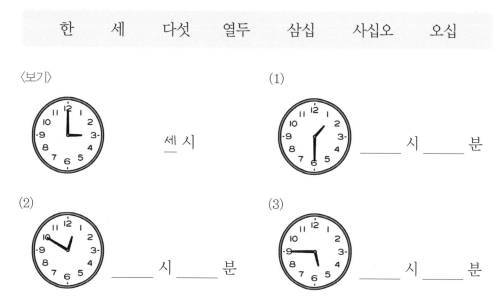

〈보기〉

세 시

(1) ___ 시 ___ 분

(2) ___ 시 ___ 분

(3) ___ 시 ___ 분

3. 〈보기〉와 같이 알맞은 것끼리 연결하세요.

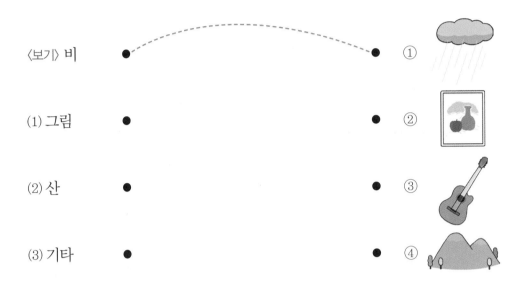

〈보기〉 비 ●   ● ①

(1) 그림 ●   ● ②

(2) 산 ●   ● ③

(3) 기타 ●   ● ④

4. 알맞은 것을 골라 〈보기〉와 같이 문장을 완성하세요.

그리다	끝나다	만들다	기다리다

〈보기〉

학교 수업이 모두 <u>끝났어요</u>.

(1) 기술 가정 시간에 케이크를 _____.

(2) 미술 시간에 그림을 _____.

(3) 정류장에서 버스를 _____.

1. '-을/ㄹ 거예요'를 사용하여 〈보기〉와 같이 대화를 완성하세요.

〈보기〉

> 가: 주말에 뭐 할 거예요?
>
> 나: 집에서 <u>컴퓨터를 할 거예요</u>. (컴퓨터를 하다)

(1) 가: 오후에 뭐 할 거예요?

　　나: 식당에서 ＿＿＿＿＿＿＿＿＿＿＿＿＿＿. (저녁을 먹다)

(2) 가: 체육 시간에 뭐 할 거예요?

　　나: 체육관에서 ＿＿＿＿＿＿＿＿＿＿＿＿. (태권도를 배우다)

(3) 가: 일요일에 뭐 할 거예요?

　　나: 친구 집에서 ＿＿＿＿＿＿＿＿＿＿＿. (요리를 하다)

2. 그림을 보고 '-을/ㄹ 거야'를 사용하여 〈보기〉와 같이 대화를 완성하세요.

월요일	화요일	수요일	목요일	금요일	토요일	일요일
12	13 오늘	14	15	16 영화를 보다	17 축구를 하다	18 영수하고 빵을 만들다

〈보기〉

> 가: 금요일에 뭐 할 거야?
>
> 나: <u>영화를 볼 거야</u>.

(1) 가: 토요일에 뭐 할 거야?　　(2) 가: 일요일에 뭐 할 거야?

　　나: ＿＿＿＿＿＿＿＿.　　　　　나: ＿＿＿＿＿＿＿＿＿＿＿＿.

1. '-으세요/세요'를 사용하여 〈보기〉와 같이 문장을 완성하세요.

〈보기〉

> 손을 <u>씻으세요</u>. (씻다)

(1) 여기에 이름을 _____. (쓰다)

(2) 체육복을 _____. (입다)

(3) 스케치북에 친구 얼굴을 _____. (그리다)

2. 그림을 보고 '-으세요/세요'를 사용하여 〈보기〉와 같이 문장을 쓰세요.

〈보기〉

칠판을 <u>보세요</u>.

(1)

_____.

(2)

여러분, _____.

1. '-고'를 사용하여 〈보기〉와 같이 문장을 완성하세요.

> 〈보기〉
>
> 동생은 우유를 <u>마시고</u> 저는 빵을 먹어요. (마시다)

(1) 엄마는 책을 _____ 아빠는 텔레비전을 봐요. (읽다)

(2) 수호는 축구를 _____ 민우는 농구를 해요. (하다)

(3) 와니는 그림을 _____ 안나는 음악을 들어요. (그리다)

2. '-고'를 사용하여 〈보기〉와 같이 문장을 쓰세요.

> 〈보기〉
>
> 영수는 숙제를 해요. 정호는 한국어를 공부해요.
> → <u>영수는 숙제를 하고 정호는 한국어를 공부해요</u>.

(1) 저는 주스를 마셔요. 누나는 커피를 마셔요.

　→ _____.

(2) 언니는 텔레비전을 봐요. 오빠는 방에서 자요.

　→ _____.

(3) 1층에 음악실이 있어요. 미술실도 있어요.

　→ _____.

1. '-으면/면'을 사용하여 〈보기〉와 같이 문장을 완성하세요.

〈보기〉

> 내일 날씨가 좋으면 공원에서 자전거를 탈 거예요. (내일 날씨가 좋다)

(1) _____ 집에 있을 거야. (비가 오다)

(2) _____ 선생님에게 질문하세요. (잘 모르다)

(3) _____ 우리 집에 놀러 와. (시간이 있다)

2. 그림을 보고 '-으면/면'을 사용하여 〈보기〉와 같이 문장을 쓰세요.

〈보기〉

> 친구를 만나면 기분이 좋아요.

언제 기분이 좋아요?

(1) _____ .

(2) _____ .

(3) _____ .

☑ 아는 것에 ✔하세요.

영역	내용			
어휘	☐ 과학실	☐ 그리다	☐ 그림	☐ 기다리다
	☐ 기타	☐ 끝나다	☐ 넷	☐ 다섯
	☐ 둘	☐ 만들다	☐ 매점	☐ 미술실
	☐ 배우다	☐ 비	☐ 산	☐ 셋
	☐ 아홉	☐ 여덟	☐ 여섯	☐ 열
	☐ 음악실	☐ 일곱	☐ 체육관	☐ 하나
문법	☐ –을/ㄹ 거예요/거야		☐ –으세요/세요	
	☐ –고		☐ –으면/면	

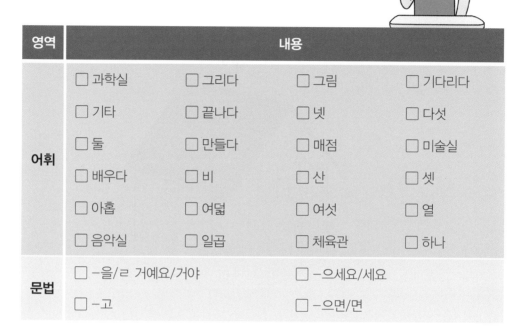

똑딱똑딱 / 째깍째깍

시계 바늘이 '**똑딱똑딱**' 움직여요.

'**째깍째깍**' 시간이 가요.

6과 | 새 실내화를 사고 싶어요

학습 목표

원하는 물건에 대해 묻고 답할 수 있다.
물건에 대해 비교하여 말할 수 있다.

더 배워요(선택)
이거 얼마예요?

꼭 배워요(필수)
무엇을 사고 싶어요?

어휘	크다 작다 재미있다 재미없다 예쁘다 싸다 비싸다 찾다 구경하다
	하얀색 까만색 노란색 파란색 빨간색 돈을 내다 돈을 받다 팔다 개 고양이
	드라마 바다 춤 키 물병 수첩 모자 창문 더 자주 좀 닫다 넣다
	들다 좋아하다 가르치다 맞다 잘하다 어떠하다 바쁘다 마음에 들다

문법	영화를 보고 **싶어요**.
	작**지 않아요**.
	빨간색**보다** 파란색을 더 좋아해.
	좀 찾**아 주세요**.

1. 알맞은 것을 골라 〈보기〉와 같이 문장을 완성하세요.

| 싸다 | 작다 | 크다 | 비싸다 | 재미없다 | 재미있다 |

〈보기〉

파란색 가방이 커요.
그리고 하얀색 가방이 작아요.

(1)

빨간색 셔츠가 _____.
그리고 노란색 셔츠가 _____.

(2)

뉴스가 _____.
게임이 _____.

2. 알맞은 것을 골라 〈보기〉와 같이 문장을 완성하세요.

| 개 | 만 | 백 | 천 |

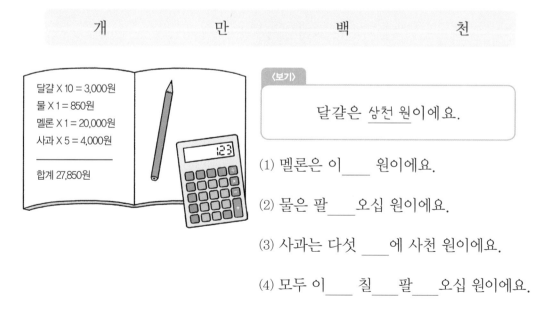

달걀 X 10 = 3,000원
물 X 1 = 850원
멜론 X 1 = 20,000원
사과 X 5 = 4,000원

합계 27,850원

〈보기〉

달걀은 삼천 원이에요.

(1) 멜론은 이____ 원이에요.

(2) 물은 팔____오십 원이에요.

(3) 사과는 다섯 ____에 사천 원이에요.

(4) 모두 이____ 칠____ 팔____오십 원이에요.

3. 〈보기〉와 같이 알맞은 것끼리 연결하세요.

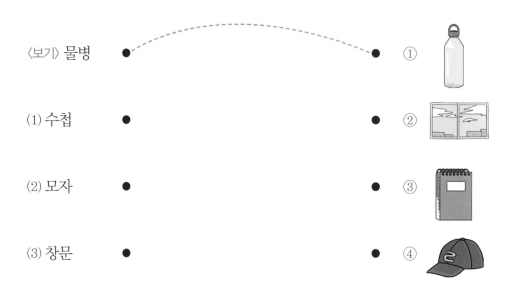

〈보기〉 물병   ●

(1) 수첩   ●

(2) 모자   ●

(3) 창문   ●

● ①

● ②

● ③

● ④

4. 알맞은 것을 골라 〈보기〉와 같이 문장을 완성하세요.

| 넣다 | 닫다 | 잘하다 | 가르치다 | 좋아하다 |

〈보기〉

비가 와요. 그래서 창문을 <u>닫아</u>요.

(1) 수업 시간이에요. 휴대 전화를 가방 안에 _____.

(2) 학생들이 한국어를 배워요. 그리고 선생님은 한국어를 _____.

(3) 저는 사과를 _____. 그래서 매일 사과를 먹어요.

(4) 우리 누나는 가수예요. 노래를 _____.

1. '-고 싶다'를 사용하여 〈보기〉와 같이 대화를 완성하세요.

〈보기〉

> 가: 오늘 뭐 하고 싶어요?
>
> 나: <u>게임을 하고 싶어요</u>. (게임을 하다)

(1) 가: 방학에 어디에 가고 싶어요?

　　나: _____. (바다에 가다)

(2) 가: 생일에 무슨 선물을 받고 싶어요?

　　나: _____. (운동화를 받다)

(3) 가: 지금 무엇을 먹고 싶어요?

　　나: _____. (피자를 먹다)

2. '-고 싶다'를 사용하여 〈보기〉와 같이 대화를 완성하세요.

〈보기〉

> 가: 친구를 만나면 무엇을 하고 싶어요?
>
> 나: <u>친구하고 같이 커피숍에서 이야기를 하고 싶어요</u>.

(1) 가: 수업이 끝나면 무엇을 하고 싶어요?

　　나: _____.

(2) 가: 십만 원이 있으면 무엇을 하고 싶어요?

　　나: _____.

(3) 가: 방학이 되면 무엇을 하고 싶어요?

　　나: _____.

1. '−지 않다'를 사용하여 〈보기〉와 같이 대화를 완성하세요.

> 〈보기〉
>
> 가: 지금 피곤해요?
>
> 나: 아니요, <u>피곤하지 않아요</u>. (피곤하다)

(1) 가: 노란색을 좋아해요?

　　나: 아니요, _____. (좋아하다)

(2) 가: 지금 책을 읽어요?

　　나: 아니요, _____. (읽다)

(3) 가: 이 티셔츠가 예뻐요?

　　나: 아니요, _____. (예쁘다)

2. '−지 않다'를 사용하여 〈보기〉와 같이 문장을 쓰세요.

> 〈보기〉
>
> 동생은 아침에 운동을 했어요.
>
> → 저는 <u>아침에 운동을 하지 않았어요</u>.

(1) 와니는 학교에 왔어요.

　　→ 영수는 _____.

(2) 저는 어제 저녁에 밥을 먹었어요.

　　→ 동생은 _____.

(3) 민우는 미술 준비물을 가져왔어요.

　　→ 나나는 _____.

1. '보다'를 사용하여 〈보기〉와 같이 문장을 완성하세요.

〈보기〉

<u>까만색보다</u> 하얀색을 더 좋아해요. (까만색)

(1) _____ 바지를 더 자주 입어요. (치마)

(2) _____ 운동화가 더 편해요. (구두)

(3) _____ 한국어를 더 잘해요. (영어)

2. 그림을 보고 '보다'를 사용하여 〈보기〉와 같이 대화를 완성하세요.

〈보기〉

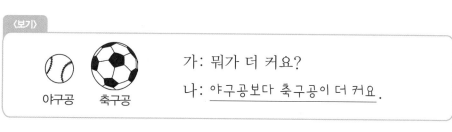

가: 뭐가 더 커요?

나: 야구공보다 축구공이 더 커요.

(1) 가: 뭐가 더 비싸요?

　　나: _____

　　_____ .

(2) 가: 필통에 뭐가 더 많이 있어요?

　　나: _____

　　_____ .

1. '-어/아/여 주다'를 사용하여 〈보기〉와 같이 대화를 완성하세요.

〈보기〉

> 가: 저 5분쯤 늦어요. 조금만 <u>기다려 주세요</u>. (기다리다)
>
> 나: 네, 알았어요. 천천히 오세요.

(1) 가: 아빠, 운동화가 너무 작아요. 새 운동화를 ＿＿＿＿＿＿. (사다)

　　나: 그래. 내일 같이 사러 가.

(2) 가: 지우개 있어? 지우개 좀 ＿＿＿＿＿＿. (빌리다)

　　나: 응. 여기 있어.

(3) 가: 세인아, 오늘 저녁에 뭐 먹고 싶니?

　　나: 엄마, 불고기가 먹고 싶어요. 불고기를 ＿＿＿＿＿＿. (만들다)

2. 그림을 보고 '-어/아/여 주다'을 사용하여 〈보기〉와 같이 문장을 쓰세요.

〈보기〉

> 저는 동생한테 책을 <u>읽어 줬어요</u>.

동생한테 무엇을 해 줬어요?

(1) ＿＿＿＿＿＿＿＿＿＿＿＿＿＿＿＿＿＿＿.

(2) ＿＿＿＿＿＿＿＿＿＿＿＿＿＿＿＿＿＿＿.

▨ 아는 것에 ✔하세요.

영역	내용			
어휘	☐ 가르치다	☐ 개	☐ 넣다	☐ 닫다
	☐ 만	☐ 모자	☐ 물병	☐ 바다
	☐ 백	☐ 비싸다	☐ 수첩	☐ 싸다
	☐ 작다	☐ 잘하다	☐ 재미없다	☐ 재미있다
	☐ 좋아하다	☐ 창문	☐ 천	☐ 크다
문법	☐ -고 싶다		☐ -지 않다	
	☐ 보다		☐ -어/아/여 주다	

쏙 안으로 깊이 들어가거나 밖으로 볼록하게 내미는 모양.
어떤 것이 매우 마음에 드는 모양.

선물을 받았어요.

운동화예요.
새 신발이 마음에 **쏙** 들어요.

신발이 잘 맞아요.
발이 **쏙** 들어가요.

그래서 자주 신어요.

학습 목표

다른 사람에게 제안할 수 있다.
행동의 이유를 말할 수 있다.

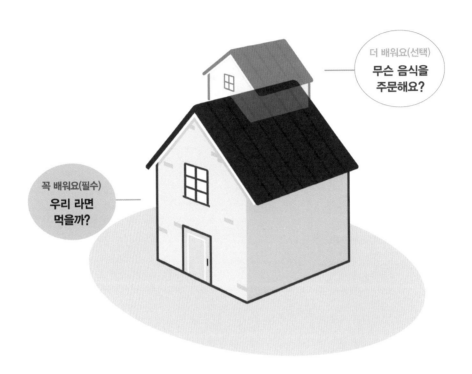

더 배워요(선택)
**무슨 음식을
주문해요?**

꼭 배워요(필수)
**우리 라면
먹을까?**

어휘	급식실 차갑다 뜨겁다 정수기 많다 적다 맛있다 맛없다 김치 고기 반찬
	밥 국 분식집 메뉴 달다 짜다 시다 (음식을) 시키다 맵다 어묵 떡볶이
	튀김 김밥 라면 손님 약 잡채 돈가스 그만 같이 너무 조금 지나다
	싫어하다 만들다 전화를 받다 깨끗하다 더럽다 어렵다 넓다 쓰다(맛)

문법	같이 점심을 먹**을까**?
	맵**지만** 맛있어.
	한글을 읽**을 수 있어.**
	등교 시간에 늦**어서** 택시를 탔어요.

1. 알맞은 것을 골라 〈보기〉와 같이 쓰세요.

| 국 | 김치 | 밥 | 잡채 | 튀김 |

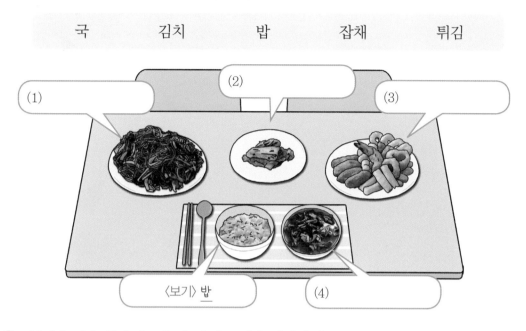

(1)
(2)
(3)
〈보기〉 밥
(4)

2. 알맞은 것을 골라 〈보기〉와 같이 문장을 완성하세요.

| 많다 | 적다 | 맛있다 | 차갑다 |

〈보기〉

가 : 케이크 맛이 어때요?

나 : 아주 맛있어요.

(1) 가: 책장에 책이 _____?

나: 네, 많이 있어요.

(2) 가 : 커피숍에 손님이 많이 있어요?

나 : 아니요, 오늘은 손님이 _____.

(3) 가: 이 커피가 뜨거워요?

나: 아니요, _____.

3. 〈보기〉와 같이 알맞은 것끼리 연결하세요.

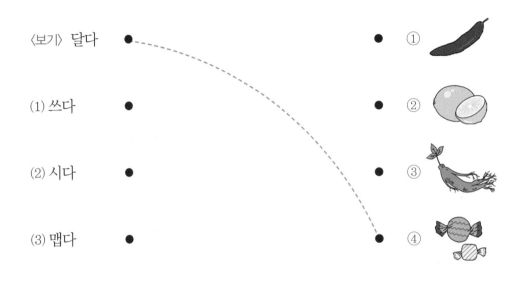

〈보기〉 달다 ●
(1) 쓰다 ●
(2) 시다 ●
(3) 맵다 ●

● ①
● ②
● ③
● ④

4. 알맞은 것을 골라 〈보기〉와 같이 문장을 완성하세요.

넓다   짜다   더럽다   시키다   깨끗하다

〈보기〉

영화관이 크고 넓어요. 우리 반 친구들이 다 같이 영화를 봐요.

(1) 미역국에 소금을 많이 넣었어요. 그래서 맛이 _____.

(2) 저는 김밥을 좋아해요. 분식집에 가면 항상 김밥을 _____.

(3) 방이 너무 _____. 오늘은 방 청소를 할 거예요.

(4) 비누로 손을 씻었어요. 손이 아주 _____.

1. '−을까(요)/ㄹ까(요)?'를 사용하여 〈보기〉와 같이 대화를 완성하세요.

〈보기〉

> 가: 우리 김밥을 <u>먹을까</u>? (먹다)
>
> 나: 그래, 좋아.

(1) 가: 우리 공원에서 _____? (농구하다)

　　나: 좋아. 3시에 공원에서 만나.

(2) 가: 지금 버스를 타면 약속 시간에 늦어요. 어떻게 해요?

　　나: 그럼 택시를 _____? (타다)

(3) 가: 우리 도서관에서 책을 _____? (읽다)

　　나: 아니. 나는 영화를 보고 싶어.

2. '−을까/ㄹ까?'를 사용하여 〈보기〉와 같이 문장을 쓰세요.

〈보기〉

> 친구하고 같이 숙제를 하고 싶어요. 친구에게 어떻게 말해요?
>
> → "<u>우리 같이 숙제를 할까</u>?"

(1) 형하고 같이 영화를 보고 싶어요. 형에게 어떻게 말해요?

　→ "_____?"

(2) 방이 더러워요. 동생하고 같이 방 청소를 하고 싶어요. 동생에게 어떻게 말해요?

　→ "_____?"

(3) 친구하고 같이 음악을 듣고 싶어요. 친구에게 어떻게 말해요?

　→ "_____?"

1. '-지만'을 사용하여 〈보기〉와 같이 문장을 완성하세요.

〈보기〉

> 수호는 농구를 <u>좋아하지만</u> 세인이는 축구를 좋아해요. (좋아하다)

(1) 민우는 국어를 _____ 수학은 잘 못해요. (잘하다)

(2) 떡볶이는 _____ 맛있어요. (맵다)

(3) 유미는 키가 _____ 언니는 작아요. (크다)

2. 그림을 보고 '-지만'을 사용하여 〈보기〉와 같이 문장을 쓰세요.

〈보기〉

> 대한분식집은 음식이 맛있지만 하나분식집은 음식이 맛없어요.

(1) _____ .

(2) _____ .

1. '-을/ㄹ 수 있다/없다'를 사용하여 〈보기〉와 같이 문장을 완성하세요.

〈보기〉

> 한국 음악을 자주 들어요. 한국 노래를 <u>할 수 있어요</u>. (하다)

(1) 프랑스어를 알아요. 프랑스어 책을 _____. (읽다)

(2) 수영을 안 배웠어요. 수영을 _____. (하다)

(3) 엄마가 요리를 가르쳐 줬어요. 불고기를 _____. (만들다)

2. 그림을 보고 '-을/ㄹ 수 있다/없다'를 사용하여 〈보기〉와 같이 문장을 쓰세요.

〈보기〉

> 버스를 탔어요. <u>버스에서 음료수를 마실 수 없어요</u>.

(1) 비가 와요. _____.

(2) 학생증이 있어요. _____.

1. '-어서/아서/여서'를 사용하여 〈보기〉와 같이 문장을 완성하세요.

〈보기〉

> 비가 많이 <u>와서</u> 운동장에서 축구를 할 수 없어요. (오다)

(1) 한국 노래를 _____ 매일 들어요. (좋아하다)

(2) 국어 교과서를 _____ 친구한테 빌렸어요. (안 가져오다)

(3) 머리가 너무 _____ 약을 먹었어요. (아프다)

2. '-어서/아서/여서'를 사용하여 〈보기〉와 같이 문장을 쓰세요.

〈보기〉

> 레몬이 너무 시어요. 그래서 먹을 수 없어요.
> → <u>레몬이 너무 시어서 먹을 수 없어요</u>.

(1) 백화점이 멀어요. 그래서 택시를 타고 갔어요.

→ _____.

(2) 영수는 책을 많이 읽어요. 그래서 단어를 많이 알아요.

→ _____.

(3) 어제 새벽 두 시에 잤어요. 그래서 오늘 늦게 일어났어요.

→ _____.

▨ 아는 것에 ✔하세요.

영역	내용			
어휘	☐ 국	☐ 깨끗하다	☐ 넓다	☐ 달다
	☐ 더럽다	☐ 뜨겁다	☐ 많다	☐ 맛없다
	☐ 맛있다	☐ 맵다	☐ 반찬	☐ 밥
	☐ 시다	☐ 시키다	☐ 쓰다	☐ 잡채
	☐ 적다	☐ 짜다	☐ 차갑다	☐ 튀김
문법	☐ -을까(요)/ㄹ까(요)		☐ -지만	
	☐ -을/ㄹ 수 있다/없다		☐ -어서/아서/여서	

꼬르륵 / 후후

배가 고프거나 소화가 잘되지 않아 배 속이 끓는 소리.
입을 동글게 오므려 내밀고 입김을 많이 자꾸 내뿜는 소리. 또는 그 모양.

배가 고파요.
꼬르륵 소리가 나요.

라면이 뜨거워요.
후후 불어요.

8과 숙제를 언제까지 해야 돼?

학습 목표

학교생활 규칙을 안다.

해야 하는 것과 금지하는 것을 표현할 수 있다.

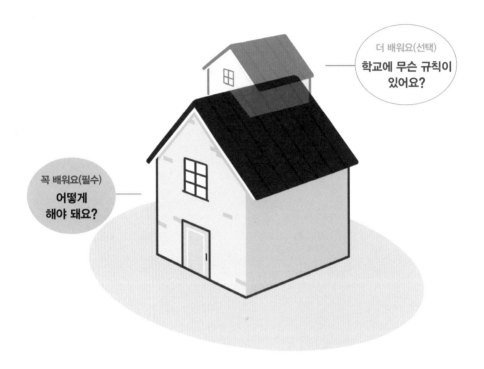

더 배워요(선택)
**학교에 무슨 규칙이
있어요?**

꼭 배워요(필수)
**어떻게
해야 돼요?**

어휘	떠들다 졸다 지각하다 결석하다 출석하다 휴대 전화를 켜다 휴대 전화를 끄다
	똑바로 앉다 줄을 서다 복도에서 뛰다 친구와 싸우다 친구를 도와주다
	거짓말을 하다 사물함을 정리하다 음식을 남기다 쓰레기를 줍다 규칙
	지키다 밤 에어컨 청소기 그럼 아직 이따가 깨끗이 걷다 버리다
	사용하다 지내다 위험하다 조심하다 어떡하다

문법	금요일까지 숙제를 해**야 돼요**.	이 케이크를 먹**어도 돼요**?
	복도에서는 뛰**면 안 돼**.	팝콘을 먹**으면서** 영화를 봤어요.

1. 알맞은 것을 골라 〈보기〉와 같이 문장을 완성하세요.

서다	끄다	도와주다	정리하다

〈보기〉 급식실에서 줄을 <u>서세요</u>.

(1) 사물함을 깨끗이 _____.

(2) 친구가 아프면 _____.　　(3) 수업 시간에 휴대 전화를 _____.

2. 알맞은 것을 골라 〈보기〉와 같이 쓰세요.

뛰다	버리다	떠들다	지각하다

우리 반 규칙

〈보기〉 학교에 8시까지 오세요. 수업에 <u>지각하지</u> 마세요.

(1) 수업 시간에 선생님 말씀을 잘 들으세요.
옆 사람과 _____ 마세요.

(2) 복도에서 _____ 마세요. 천천히 걸으세요.

(3) 교실에 쓰레기가 있으면 쓰레기통에 _____ 세요.

3. 〈보기〉와 같이 알맞은 것끼리 연결하세요.

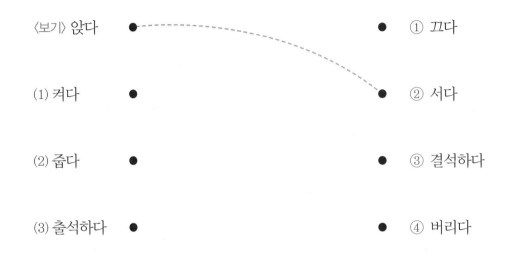

〈보기〉 앉다 ●　　　　　　　　　　　● ① 끄다

(1) 켜다 ●　　　　　　　　　　● ② 서다

(2) 줍다 ●　　　　　　　　　　● ③ 결석하다

(3) 출석하다 ●　　　　　　　　● ④ 버리다

4. 알맞은 것을 골라 〈보기〉와 같이 문장을 완성하세요.

| 남기다 | 위험하다 | 사용하다 | 조심하다 |

〈보기〉

계단에서 뛰면 <u>위험</u>해요.

(1) 음식이 뜨거워요. 그러니까 ＿＿＿＿＿＿＿＿＿＿＿＿＿.

(2) 밥을 조금 ＿＿＿＿＿＿＿＿＿＿＿＿. 배가 불러서 다 먹을 수 없어요.

(3) 비행기 안에서 휴대 전화를 ＿＿＿＿＿＿＿＿＿＿＿＿ 마세요.

1. '-어야/아야/여야 되다'를 사용하여 〈보기〉와 같이 문장을 완성하세요.

〈보기〉

> 비가 와요. 창문을 <u>닫아야 돼요</u>. (닫다)

(1) 다음 주에 시험이 있어요. 시험공부를 _____. (하다)

(2) 등산을 갈 거예요. 운동화를 _____. (신다)

(3) 내일 음악 수업이 있어요. 리코더를 _____. (가져가다)

2. '-어야/아야/여야 되다'를 사용하여 〈보기〉와 같이 대화를 완성하세요.

〈보기〉

> 가: 한국어를 잘하고 싶어요. 어떻게 해야 돼요?
> 나: <u>한국 친구하고 이야기를 많이 해야 돼요</u>.

(1) 가: 아침에 일찍 일어나고 싶어요. 어떻게 해야 돼요?
　나: _____.

(2) 가: 지금은 수업 시간이에요. 무엇을 해야 돼요?
　나: _____.

(3) 가: 여행을 갈 거예요. 무엇을 준비해야 돼요?
　나: _____.

1. '-어도/아도/여도 되다'를 사용하여 〈보기〉와 같이 문장을 완성하세요.

> 〈보기〉
>
> 가: 여기 앉아도 돼? (앉다)
>
> 나: 응, 앉아.

(1) 가: 엄마, 친구하고 밖에서 _____? (놀다)

　　나: 그래. 6시까지 집에 와야 돼.

(2) 가: 선생님, 교실 컴퓨터를 _____? (사용하다)

　　나: 그럼요. 사용하세요.

(3) 가: 선생님 숙제를 안 가져왔어요. 내일 _____? (내다)

　　나: 네, 내일까지 내세요.

2. '-어도/아도/여도 되다'를 사용하여 〈보기〉와 같이 문장을 쓰세요.

> 〈보기〉
>
> 동생의 아이스크림을 먹고 싶어요. 동생에게 어떻게 말해요?
>
> → "이 아이스크림을 먹어도 돼?"

(1) 친구의 책을 읽고 싶어요. 친구에게 어떻게 말해요?

　　→ "_____?"

(2) 수업 시간에 화장실에 가고 싶어요. 선생님에게 어떻게 말해요?

　　→ "_____?"

(3) 언니의 옷을 입고 싶어요. 언니에게 어떻게 말해요?

　　→ "_____?"

1. '−으면/면 안 되다'를 사용하여 〈보기〉와 같이 문장을 완성하세요.

〈보기〉

학교에 여덟 시까지 오세요. <u>지각하면 안 돼요</u>. (지각하다)

(1) 공원에 쓰레기를 _____. (버리다)

(2) 친구와 잘 지내야 돼요. 친구와 _____. (싸우다)

(3) 음식을 먼저 _____. 와니가 오면 같이 먹어요. (먹다)

2. 그림을 보고 '−으면/면 안 되다'를 사용하여 〈보기〉와 같이 문장을 쓰세요.

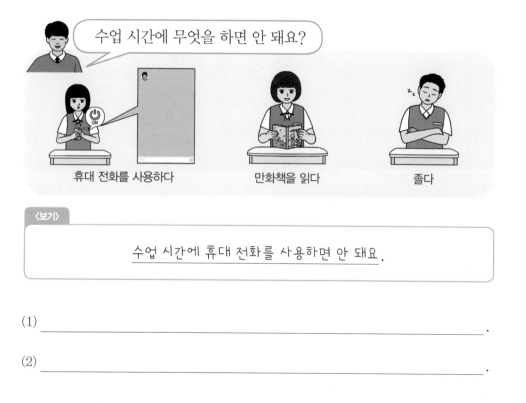

〈보기〉

수업 시간에 휴대 전화를 사용하면 안 돼요.

(1) _____.

(2) _____.

1. '−으면서/면서'를 사용하여 〈보기〉와 같이 문장을 쓰세요.

〈보기〉

동생이 <u>샤워하면서</u> 노래를 해요. (샤워하다)

(1) 집에서 텔레비전을 _____ 밥을 먹었어요. (보다)

(2) 공원에서 친구와 _____ 이야기했어요. (산책하다)

(3) 팝콘을 _____ 영화를 보고 싶어요. (먹다)

2. 그림을 보고 '−으면서/면서'를 사용하여 〈보기〉와 같이 문장을 완성하세요.

〈보기〉

나나는 <u>음악을 들으면서 책을 읽어요</u>.

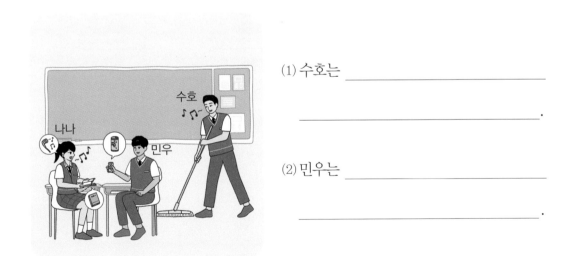

(1) 수호는 _____

_____.

(2) 민우는 _____

_____.

☑ 아는 것에 ✔하세요.

영역	내용			
어휘	☐ 결석하다	☐ 끄다	☐ 남기다	☐ 도와주다
	☐ 떠들다	☐ 뛰다	☐ 버리다	☐ 사용하다
	☐ 서다	☐ 앉다	☐ 위험하다	☐ 정리하다
	☐ 조심하다	☐ 줍다	☐ 지각하다	☐ 출석하다
문법	☐ -어야/아야/여야 되다		☐ -어도/아도/여도 되다	
	☐ -으면/면 안 되다		☐ -으면서/면서	

이삭줍기

차례차례 차례에 따라 하나씩 순서 있게.

차례차례 버스를 타요.

차례차례 자기소개를 해요.

[1-8] 빈칸에 알맞은 것을 고르세요. (각 5점)

1. 안녕하세요? 선생님 _____은/는 이진영입니다. **#1과 64쪽**

   ① 반   ② 학년   ③ 이름   ④ 나라

2. 가 : _____의 가방이야?

   나 : 나나 거야. **#2과 82쪽**

   ① 뭐   ② 어디   ③ 누구   ④ 언제

3. 저는 집에서 텔레비전을 _____. **#3과 104쪽**

   ① 봐요   ② 놀아요   ③ 읽어요   ④ 공부해요

4. 오후에 친구하고 자전거를 _____. **#4과 118쪽**

   ① 탔어   ② 들었어   ③ 걸어갔어   ④ 일어났어

5. 이 하얀색 가방이 비싸지 않고 색깔도 _____. **#6과 156쪽**

   ① 싸요   ② 커요   ③ 작아요   ④ 예뻐요

6. 가 : 선생님, 박물관에 무슨 _____에 가요?

   나 : 금요일에 갈 거예요. **#5과 138쪽**

   ① 시   ② 분   ③ 시간   ④ 요일

7. 가 : 한국식당입니다.

   나 : 지금 배달돼요? 비빔밥 두 그릇을 _____ 싶어요. **#7과 174쪽**

   ① 내고   ② 찾고   ③ 주문하고   ④ 구경하고

8. 가 : 영수야, 다음부터는 학교에 늦으면 안 돼.

   나 : 네, 선생님. 앞으로는 _____ 않겠습니다. **#8과 190쪽**

   ① 떠들지   ② 지각하지   ③ 출석하지   ④ 정리하지

[9-16] 빈칸에 알맞은 것을 고르세요. (각 5점)

9. 가 : 나나야, 너는 몇 반_____?

    나 : 5반이야. #1과 66쪽

    ① 있어　　　② 이야　　　③ 없어　　　④ 예요

10. 가 : 엄마, 교복이 어디_____ 있어요?

    나 : 침대 옆에 있어. #2과 84쪽

    ① 는　　　② 가　　　③ 에　　　④ 하고

11. 가 : 편의점에서 뭐 해?

    나 : 민우하고 라면_____ 먹어. #3과 102쪽

    ① 을　　　② 이　　　③ 의　　　④ 에서

12. 가 : 소연아, 지난 주말에 뭐 했어?

    나 : 부모님과 할머니를_____ 대전에 갔어. #4과 120쪽

    ① 만나면　　② 만나러　　③ 만나면서　　④ 만나지만

13. 가 : 나 스케치북을 안 가져왔어.

    나 : 스케치북이_____ 3반 친구한테 빌려. #5과 136쪽

    ① 없고　　　② 없지만　　③ 없어서　　④ 없으면

14. 가 : 아저씨, 필통 한 개하고 공책 두 권_____.

    나 : 네, 모두 만 천 원입니다. #6과 154쪽

    ① 계산했어요　　　　　　② 계산해 주세요

    ③ 계산하지 마세요　　　　④ 계산할 수 없어요

15. 가 : 우리 떡볶이랑 튀김을 시킬까? 그리고 라면하고 순대도 먹고 싶어.

　　가 : 라면하고 순대도? 너무 많지 않아?

　　나 : 아니, 별로 많지 않아. 다 _____. #7과 172쪽

　　① 먹지 마　　② 먹을 수 있어　　③ 먹지 않았어　　④ 먹으면 안 돼

16. 가 : 선생님, 머리가 아파요. 저 병원에 _____?

　　나 : 그래, 다녀와. 선생님이 외출증을 써 주면 돼. #8과 192쪽

　　① 다녀와도 돼요

　　② 다녀올 거예요

　　③ 다녀오지 마세요

　　④ 다녀오지 않아요

[17-18] 다음을 듣고 질문에 답하세요. (각 5점)

17. 여기는 어디예요? #6과 156쪽

　　① 식당　　② 편의점　　③ 백화점　　④ 분식집

18. 들은 내용과 같은 것을 고르세요. #6과 156쪽

　　① 남자는 하얀색 가방을 살 거예요.

　　② 남자는 까만색 가방이 마음에 들어요.

　　③ 까만색 가방은 비싸지만 학생들이 좋아해요.

　　④ 하얀색 가방은 가격이 싸고 회사원들이 많이 사요.

[19-20] 다음을 읽고 질문에 답하세요. (각 5점)

> 월요일에 식당이 문을 안 열어서 먹을 수 없었어요. 그래서 주말에 다시 갔어요. 사람이 많아서 30분을 기다렸지만 정말 맛있었어요. 특히 닭갈비가 맛있어요. 그런데 조금 매워요. 그러니까 치즈를 꼭 시키세요. 닭갈비를 치즈랑 먹으면 안 맵고 더 맛있어요. 주인아저씨도 아주 친절하고 식당도 깨끗해요. 닭갈비가 먹고 싶으면 이 식당으로 가세요!

19. 이 글을 쓴 이유를 고르세요. **#7과 176쪽**

　① 식당에 가고 싶어서

　② 식당을 찾을 수 없어서

　③ 식당을 소개하고 싶어서

　④ 식당에서 일하고 싶어서

20. 이 글의 내용과 <u>다른</u> 것을 고르세요. **#7과 176쪽**

　① 이 식당은 주말에 문을 열어요.

　② 이 식당은 손님이 별로 많지 않아요.

　③ 이 식당에서 치즈를 주문할 수 있어요.

　④ 이 식당의 닭갈비는 조금 맵지만 맛있어요.

● 자가 확인

[3-4]
3. (1) 어
   (2) 그
4. (1) 우리
   (2) 호두

[7-8]
7. (1) 얘
   (2) 야
8. (1) 유리
   (2) 여자

[11-12]
11. (1) 빠
    (2) 초
12. (1) 토끼
    (2) 까치

[15-16]
15. (1) 쥐
    (2) 뭐
16. (1) 의자
    (2) 과자

[19-20]
19. (1) 잔
    (2) 밥
20. (1) 사랑
    (2) 학생

● 예비 2 한글: 모음과 자음 2

받침
4. (1) ①
   (2) ③
   (3) ③
   (4) ②
   (5) ①
   (6) ②
5. 받침_ㄱ: 박, 밖, 약, 부엌
   받침_ㄴ: 눈, 사진
   받침_ㄷ: 곧, 빛, 옷, 낮, 끝, 히읗, 있다
   받침_ㄹ: 발, 말, 글
   받침_ㅁ: 삼, 김치, 밤
   받침_ㅂ: 밥, 숲
   받침_ㅇ: 강, 공부, 사탕

발음1(겹받침)
2.
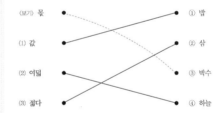

● 1과 안녕하세요?

어휘를 익혀요
1. (1) 안녕
   (2) 안녕히 계세요
   (3) 잘 가
2. 일, 이, 삼, 사, 오, 육, 칠, 팔, 구, 십

3.

4. (1) 초등학생
   (2) 중학생
   (3) 고등학생
   (4) 대학생

문법을 익혀요 1

1. (1) 김영수예요
   (2) 한국 사람이에요
   (3) 고등학생이에요
2. (1) 눈이에요
   (2) 다리예요
   (3) 손이에요

문법을 익혀요 2

1. (1) 제 이름은
   (2) 제 친구는
   (3) 수호는
2. (1) 는, 는
   (2) 는, 은

문법을 익혀요 3

1. (1) 1학년이야
   (2) 내 동생이야
   (3) 내 친구야
2. (1) 몇 학년이야
   (2) 뭐야
   (3) 동생이야

문법을 익혀요 4

1. (1) 3반이 아니에요

(2) 와니가 아니에요
   (3) 미국 사람이 아니에요
2. (1) 이 아니에요
   (2) 아니, 이 아니야

● **2과 체육복이 어디에 있어요?**

어휘를 익혀요

1. (1) 앞
   (2) 아래
   (3) 뒤
2. (1) 교과서
   (2) 연필
   (3) 지우개
   (4) 교복
   (5) 시계

3.

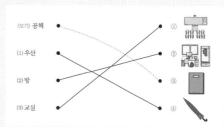

4. (1) 휴대 전화예요
   (2) 옷장이에요
   (3) 침대예요

문법을 익혀요 1

1. (1) 텔레비전이 있어요
   (2) 우산이 없어요
   (3) 교과서가 있어요
2. (1) [예시 답안] 연필이 있어요
   (2) [예시 답안] 공책이 있어요
   (3) [예시 답안] 컴퓨터가 있어요
   (4) [예시 답안] 의자가 있어요

문법을 익혀요 2

1. (1) 컴퓨터 옆에 있어요
   (2) 책상 위에 있어요
   (3) 의자 뒤에 있어요
2. (1) 책상 아래에 있어요
   (2) 가방 안에 있어요

문법을 익혀요 3

1. (1) 교복하고 체육복
   (2) 침대하고 책상
   (3) 영수하고 정호
2. (1) 교과서하고 필통이 있어요
   (2) 우산하고 쓰레기통이 있어요

문법을 익혀요 4

1. (1) 친구의 지우개예요
   (2) 선생님의 컴퓨터예요
   (3) 동생의 가방이에요
2. (1) 유미의 연필이에요
   (2) 김영수의 학생증이에요

● **3과 도서관에서 책을 읽어**

어휘를 익혀요

1. (1) 병원
   (2) 운동장
   (3) 영화관
   (4) 편의점
2. (1) 먹다
   (2) 마시다
   (3) 사다
   (4) 보다
   (5) 읽다

3.

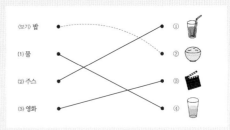

4. (1) 이야기
   (2) 게임
   (3) 요리

문법을 익혀요 1

1. (1) 마셔요
   (2) 봐요
   (3) 운동해요
2. (1) 물 마셔요
   (2) 한국어 공부해요

문법을 익혀요 2

1. (1) 영화를
   (2) 신문을
   (3) 차를
2. (1) [예시 답안] 사과를 사요
   (2) [예시 답안] 우유를 사요
   (3) [예시 답안] 빵을 사요

문법을 익혀요 3

1. (1) 백화점에 가요
   (2) 집에 와요
   (3) 공원에 가요
2. (1) 커피숍에 안 가요, 편의점에 가요
   (2) 마트에 안 가, 문구점에 가
   (3) 서점에 안 가, 영화관에 가

문법을 익혀요 4

1. (1) 영화관에서 영화를 봐요
   (2) 도서관에서 책을 읽어요

(3) 식당에서 밥을 먹어요
2. (1) 에, 에서
   (2) 에, 에서

● 4과 공원에 친구를 만나러 갔어요

어휘를 익혀요

1. (1) 등교해요
   (2) 수업을 들어요
   (3) 씻어요
   (4) 자요
2. (1) 지하철역, 지하철을
   (2) 정류장, 버스를
3.

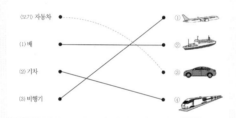

4. (1) 극장
   (2) 노래를
   (3) 청소를

문법을 익혀요 1

1. (1) 읽었어요
   (2) 탔어요
   (3) 했어요
2. (1) 만났어요
   (2) 농구했어요
   (3) 먹었어요
   (4) 마셨어요
   (5) 돌아왔어요

문법을 익혀요 2

1. (1) 오후에 청소를 했어요

(2) 일요일에 영화를 봐요
(3) 어제 저녁에 케이크를 먹었어요
2. (1) 점심에 친구를 만났어요
   (2) 저녁에 밥을 먹었어요
   (3) 밤에 샤워했어요

문법을 익혀요 3

1. (1) 식당에 밥을 먹으러 가요
   (2) 마트에 바나나를 사러 가요
   (3) 교무실에 선생님을 만나러 가요
2. (1) 공원에 책을 읽으러 왔어요
   (2) 공원에 농구를 하러 왔어요

문법을 익혀요 4

1. (1) 볼펜으로
   (2) 휴대 전화로
   (3) 칫솔로
2. (1) 숟가락으로 아이스크림을 먹어요
   (2) 비누로 손을 씻어요

● 5과 운동장에서 축구를 할 거예요

어휘를 익혀요

1. (1) 미술실
   (2) 과학실
   (3) 음악실
2. (1) 한, 삼십
   (2) 열두, 오십
   (3) 다섯, 사십오
3.

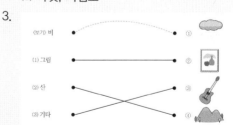

4. (1) 만들었어요
   (2) 그렸어요
   (3) 기다렸어요

문법을 익혀요 1

1. (1) 저녁을 먹을 거예요
   (2) 태권도를 배울 거예요
   (3) 요리를 할 거예요
2. (1) 축구를 할 거야
   (2) 영수하고 빵을 만들 거야

문법을 익혀요 2

1. (1) 쓰세요
   (2) 입으세요
   (3) 그리세요
2. (1) 책을 읽으세요
   (2) 잘 들으세요

문법을 익혀요 3

1. (1) 읽고
   (2) 하고
   (3) 그리고
2. (1) 저는 주스를 마시고 누나는 커피를 마셔요
   (2) 언니는 텔레비전을 보고 오빠는 방에서 자요
   (3) 1층에 음악실이 있고 미술실도 있어요

문법을 익혀요 4

1. (1) 비가 오면
   (2) 잘 모르면
   (3) 시간이 있으면
2. (1) 샤워를 하면 기분이 좋아요
   (2) 빵을 먹으면 기분이 좋아요
   (3) 음악을 들으면 기분이 좋아요

●6과 새 실내화를 사고 싶어요

어휘를 익혀요

1. (1) 비싸요, 싸요
   (2) 재미없어요, 재미있어요
2. (1) 만
   (2) 백
   (3) 개
   (4) 만, 천, 백
3.

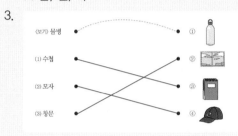

4. (1) 넣어요
   (2) 가르쳐요
   (3) 좋아해요
   (4) 잘해요

문법을 익혀요 1

1. (1) 바다에 가고 싶어요
   (2) 운동화를 받고 싶어요
   (3) 피자를 먹고 싶어요
2. (1) [예시 답안] 영화를 보고 싶어요
   (2) [예시 답안] 가방을 사고 싶어요
   (3) [예시 답안] 제주도에 가고 싶어요

문법을 익혀요 2

1. (1) 좋아하지 않아요
   (2) 읽지 않아요
   (3) 예쁘지 않아요
2. (1) 학교에 오지 않았어요
   (2) 어제 저녁에 밥을 먹지 않았어요
   (3) 미술 준비물을 가져오지 않았어요

문법을 익혀요 3

1. (1) 치마보다
   (2) 구두보다
   (3) 영어보다
2. (1) 텔레비전보다 노트북이 더 비싸요
   (2) 볼펜보다 연필이 더 많이 있어요

문법을 익혀요 4

1. (1) 사 주세요
   (2) 빌려줘
   (3) 만들어 주세요
2. (1) 저는 동생한테 노래를 해 줬어요
   (2) 저는 동생한테 그림을 그려 줬어요

●7과 우리 라면 먹을까?

어휘를 익혀요

1. (1) 잡채
   (2) 김치
   (3) 튀김
   (4) 국
2. (1) 많아요
   (2) 적어요
   (3) 차가워요

3.
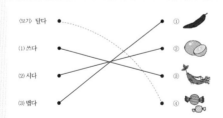

4. (1) 짜요
   (2) 시켜요
   (3) 더러워요
   (4) 깨끗해요

문법을 익혀요 1

1. (1) 농구할까
   (2) 탈까요
   (3) 읽을까
2. (1) 우리 같이 영화를 볼까
   (2) 우리 같이 방을 청소할까
   (3) 우리 같이 음악을 들을까

문법을 익혀요 2

1. (1) 잘하지만
   (2) 맵지만
   (3) 크지만
2. (1) [예시 답안] 대한분식집은 손님이 많지만
      하나분식집은 손님이 적어요
   (2) [예시 답안] 대한분식집은 가격이 비싸지만
      하나분식집은 가격이 싸요

문법을 익혀요 3

1. (1) 읽을 수 있어요
   (2) 할 수 있어요
   (3) 만들 수 있어요
2. (1) 등산을 할 수 없어요
   (2) 책을 빌릴 수 있어요

문법을 익혀요 4

1. (1) 좋아해서
   (2) 안 가져와서
   (3) 아파서
2. (1) 백화점이 멀어서 택시를 타고 갔어요
   (2) 영수는 책을 많이 읽어서 단어를 많이 알
      아요
   (3) 어제 새벽 두 시에 자서 오늘 늦게 일어났
      어요

●8과 숙제를 언제까지 해야 돼?

어휘를 익혀요

1. (1) 정리하세요
   (2) 도와주세요
   (3) 끄세요
2. (1) 떠들지
   (2) 뛰지
   (3) 버리
3.

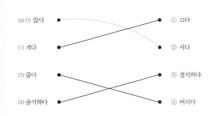

4. (1) 조심해요
   (2) 남겼어요
   (3) 사용하지

문법을 익혀요 1

1. (1) 해야 돼요
   (2) 신어야 돼요
   (3) 가져가야 돼요
2. (1) [예시 답안] 밤에 일찍 자야 돼요
   (2) [예시 답안] 열심히 공부해야 돼요
   (3) [예시 답안] 카메라를 준비해야 돼요

문법을 익혀요 2

1. (1) 놀아도 돼요
   (2) 사용해도 돼요
   (3) 내도 돼요
2. (1) 이 책을 읽어도 돼
   (2) 화장실에 가도 돼요
   (3) 이 옷을 입어도 돼

문법을 익혀요 3

1. (1) 버리면 안 돼요
   (2) 싸우면 안 돼요
   (3) 먹으면 안 돼요
2. (1) 만화책을 읽으면 안 돼요
   (2) 졸면 안 돼요

문법을 익혀요 4

1. (1) 보면서
   (2) 산책하면서
   (3) 먹으면서
2. (1) 노래를 하면서 청소를 해요
   (2) 주스를 마시면서 이야기를 해요

● 종합 연습

[1-8]

1. ③
2. ③
3. ①
4. ①
5. ④
6. ④
7. ③
8. ②

[9-16]

9. ②
10. ③
11. ①
12. ②
13. ④
14. ②
15. ②
16. ①

[17-18]

17. ③
18. ①

[19-20]

19. ③
20. ②

기획·담당 연구원 —

정혜선 국립국어원 학예연구사
이승지 국립국어원 연구원
박지수 국립국어원 연구원

집필진 —
책임 집필

심혜령 배재대학교 국어국문·한국어교육학과 교수

공동 집필
내용 집필

박석준 배재대학교 국어국문·한국어교육학과 교수
김윤주 한성대학교 크리에이티브인문학부 교수
문정현 배재대학교 미래역량교육부 교수
이미향 영남대학교 국제학부 교수
이숙진 경희대학교 국제교육원 강사
이은영 전북대학교 언어교육부 강사
홍종명 한국외국어대학교 한국어교육과 교수
오현아 강원대학교 국어교육과 교수
이선중 경희대학교 국제교육원 객원교수
황성은 배재대학교 글로벌교육부 교수

연구 보조원

김경미 건양대학교 국제교류원 한국어교육센터 강사
김세정 한남대학교 한국어교육원 강사
최성렬 호서대학교 한국어학당 강사
김미영 우석대학교 한국어교육지원센터 강사
박현경 명지대학교 국제교류원 강사
이창석 배재대학교 한국어교육학과 석사 수료
주명진 인천영종고등학교 교사
김진희 대구북동중학교 교사

내용 검토

조영철 인천담방초등학교 교사
송정희 대덕중학교 교사

중고등학생을 위한
표준 한국어 익힘책
의사소통 1

ⓒ 국립국어원 기획 | 심혜령 외 집필

초판 1쇄 인쇄 | 2020년 1월 20일
초판 5쇄 발행 | 2024년 4월 2일

기획 | 국립국어원
지은이 | 심혜령 외
발행인 | 정은영
책임 편집 | 한미경
디자인 | 허석원, 이경진
일러스트 | 조은혜
사진 제공 | 셔터스톡

펴낸 곳 | 마리북스
출판 등록 | 제2019-000292호
주소 | (04037) 서울특별시 마포구 양화로 59 화승리버스텔 503호
전화 | 02)336-0729   팩스 | 070)7610-2870   이메일 | mari@maribooks.com
인쇄 | (주)신우인쇄

ISBN 979-11-89943-13-4 (54710)
      979-11-89943-09-7 (set)